つくってさわって感じて楽しい！

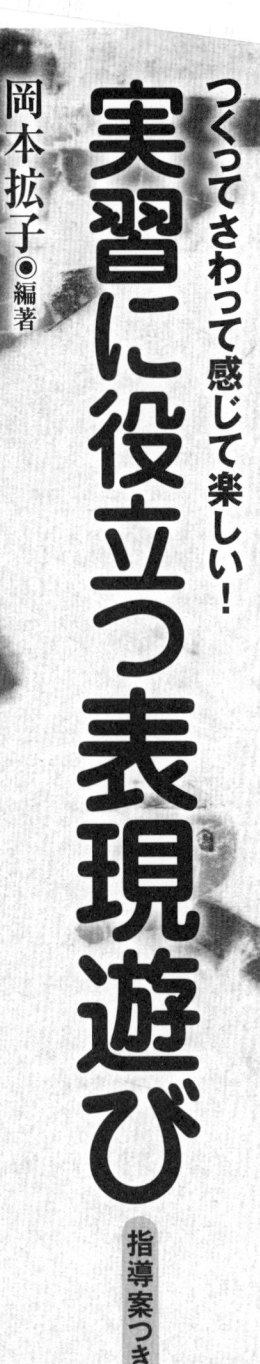

岡本拡子●編著

実習に役立つ表現遊び

指導案つき

北大路書房

本書の特徴と使い方

　本書は，保育者養成校の学生が，幼稚園や保育所などの実習で行なう「表現遊び」の指導で活用することを目的としています。実習では，最初の数日間の観察期間を過ぎると，まずは部分実習を数回行ない，登園から降園までの1日の保育をすべて任される全日実習を行ないます。

　朝登園してからの自由な遊びの時間，おやつの時間，給食・お弁当の時間，午睡（保育所実習）や降園の時間など，幼稚園・保育所生活のなかでも毎日のルーティンとして行なわれる活動の指導は，ある程度，園生活の流れがわかれば行ないやすくなりますが，実習のなかで最も困難な指導が，クラス別活動または一斉活動と呼ばれる部分の指導でしょう。ここではおもに製作をしたり運動遊びをしたりというような，集団での「表現遊び」を中心とした活動が行なわれるのが一般的です。

　園によってはクラス別活動がなかったり，縦割り保育を行なっているなど，保育形態のちがいがあり，当然ながら指導のしかたも異なってきます。しかし多くの実習園では，実習生の経験のために，表現遊びの指導を取り入れてくださるのではないでしょうか。

　本書では，実習のなかでもとくに綿密な計画立案が要求される表現遊びについて，具体的な遊び方だけでなく，指導案作成に必要なことがらもわかりやすく説明しています。

　紹介されている遊びでは，それぞれ，遊びのねらい，対象年齢，内容，準備物，つくり方や遊び方の手順，指導上の留意点，さらには発展と応用というように，指導案作成にそった説明がなされています。さらにいくつかの遊びについては，指導案例も掲載し，より具体的に指導しやすいように工夫されています。

　しかし，みなさんもすでにご存知のとおり，指導計画は日々くり返される保育の営みのなかで，その場で育つ子どもの姿を思い浮かべながらたてられるべきものです。したがってここに紹介する指導の方法や指導案は，ひとつの例であって，必ずしもこのとおりに行なわねばならないとか，子どもたちがこのようにできるはずである，というような意味で書かれているのではありません。

　実習を行なう時期，その園，そのクラスの子どもたちが，「今，どのようなことに興味・関心をもっているか」，「日々の保育のなかで保育者がどのような願いをもって子どもたちの何を育てたいと思って保育実践を行なっているか」という点をしっかりと観察し，それにしたがって計画をたてる必要があります。

　また環境構成や指導上の留意点についても，子どもたちがどのような発達段階にあるかとか，その活動のために必要な経験をどの程度積み重ねてきているかによって，大きく変わってきます。

　したがって，まず何よりもたいせつなことは，ここに書かれている方法が絶対に正しいという見方をするのではなく，子どもたちの姿，保育者の関わり方をしっかりと観察したうえで，適切な表現遊びを選び，その子どもたちにふさわしい計画をたてることです。そのために，クラス担任の先生や実習担当の先生方に，事前に相談し，指導案も数日前には確認していただき助言をいただきましょう。

また，本書のなかから，実際にやってみようと思う遊びを選んだら，製作などは事前に必ず一度はつくってみて，実習先の子どもたちの顔を思い浮かべながら，どのような配慮が必要か，準備はどうしたらよいか，どのような点を改良すべきかなどを考えるようにしましょう。

　本書のもうひとつの特徴は，さまざまな手づくりシアターを紹介している点です。エプロンシアターやパネルシアターなどは，すでに多くの参考本が出版されており，より詳しい説明がなされていますが，ここでは異なった種類のシアターや絵話なども紹介し，そのつくり方や演じ方，そして脚本なども掲載しています。お誕生日会などの行事，歓迎会やお別れ会などで，実習生が子どもたちの前で演じる機会も多いので，できるだけ多くのシアターを準備し，日常の遊びの場面でも活用できるようにしておきましょう。

　実習に行って「何も見せるものがない」というのは，それだけで不安になってしまいます。いろいろと準備しておくと実習への心がまえもしっかりとでき，安心してのぞめます。

　また本書が，実習だけでなく，実際に保育者となったときにも活用されることを望んでいます。みなさんが子どもたちと多くの表現遊びでふれ合い，心豊かな保育者として成長するための一助となることを願っています。

2004 年 9 月

岡本　拡子

目次

本書の特徴と使い方　　　　　　　　i

第1章　つくって遊ぼう ………… 1
1　粘土遊び　　　　　　　2
2　お化けコップ　　　　　5
3　ゴム風船ロケット　　　7
4　起き上がりこぼし　　　9
5　紙皿フリスビー　　　　11
6　紙皿やじろべえ　　　　13
7　ゆらゆらシーソー人形　15
8　風ぐるま　　　　　　　17
9　糸電話　　　　　　　　19
10　手づくり楽器　　　　21
11　絵カードを使った音楽遊び　24
12　影絵遊び　　　　　　27

第2章　絵の具で遊ぼう ………… 29
1　フィンガーペインティング　30
2　ボディペインティング　32
3　シャワーカーテン　　　33
4　糸目ころがし　　　　　34
5　ビー玉ころがし　　　　35
6　霧吹き絵　　　　　　　36
7　さまざまなスタンプ　　37

第3章　自然と遊ぼう ………… 41
1　風と遊ぼう　　　　　　42
2　飛ばして遊ぼう　　　　43
3　砂粒の中の宝探し　　　45
4　木の葉を集めよう　　　47
5　石を使って遊ぼう　　　52

第4章　手づくりシアターで遊ぼう
　　　　　　　　　　………… 57
1　エプロンシアター　　　58
2　パネルシアター　　　　60
3　ペープサート　　　　　62
4　スケッチブックの絵話　64
5　クイズ動物園へ行こう　65
6　手づくり人形　　　　　70

指導案 ………… 77

付　録　脚本と型紙 ………… 90
　ペープサート「さっとんぱ」　90
　新聞人形「ケンタの冒険」　94

第1章 つくって遊ぼう

　子どもにとって,「物をつくる」という活動は,自分の考えたことや感じたことを表現するためのひとつの手段です。ここでたいせつなことは,結果としての作品のできばえを評価するのではなく,活動に取り組むプロセスや意欲を認め,子どもたちが自由に表現できるように援助することです。

　そのために,年齢や個人差に応じた,無理のない計画をたてることが重要となります。また製作遊びをすることによって,子どもたちに何を感じてほしいか,どのようなことが育ってほしいのかという「ねらい」をきちんと考えることが必要です。目的は「作品を完成させること」ではなく,あくまでもそのプロセスにあるのだということを忘れないようにしましょう。

　さらに製作遊びでは,保育者が時間や形にとらわれて,押しつけになってしまうことも少なくありません。子どもの表現する意欲を受け止め,想像性溢れる製作活動へと導くための工夫が必要です。またできあがった作品から,どのように遊びに発展させていくかということも,重要な指導のポイントとなります。

　この章では,製作のプロセスそのものを楽しめるものから,できあがったものを用いて遊ぶことを楽しむものまで,さまざまな「つくって遊ぶ」表現遊びとその指導について紹介します。

1 粘土遊び

小麦粉粘土 （指導案 p.77）

　小麦粉でつくった粘土は感触がやわらかく滑らかで，においも少ない粘土です。材料は食品からつくられていますから，まちがって口に入れても害が少なく安心です。ゆっくりと粘土をこねて感触を楽しむことでリラックス効果があるといわれています。また何度もこねて作品をつくり変えることができるので，緊張することなく自由にのびのびと表現遊びを楽しむことができます。

ねらい
- 小麦粉粘土の感触を楽しむ。
- 自由に表現することを楽しみ，解放感を味わう。
- 小麦粉から粘土ができることを知る。
- グループでつくるなかでスキンシップや協力してつくる楽しさを経験する。

対象年齢　4歳児以上

内容
- 自由に粘土を使って表現する。
- 友だちと協力していっしょに製作する。

準備物　（cup = 200 ccの計量カップ）
小麦粉　1 cup　　塩　1/4 cup
水　1/4 cup　　油　小さじ1

つくり方
　水以外の材料をボールに入れ，少しずつ水を足していき，製作しやすい柔らかさになるまで手で練り込む。

指導上の留意点
- 仕上がった粘土を使って自由に表現するときに，形あるものの製作を急がせず，粘土の感触や特性を楽しむ行為をたいせつに見守りましょう。たとえば，粘土を頬につけてみたり，手の中でふわふわ感を楽しんだりする子どもがいるでしょう。また粘土を上から落としてみたりちぎってみたりなど，形の変わることを発見し，喜んでくり返したりする子もいるでしょう。子どもの発見や驚きを保育者もともに楽しみましょう。
- 小麦粉粘土に塩を混ぜることで，腐りにくくなりますが，子どもが持ち帰る場合には，カビ等に気をつけてもらうことを必ず保護者に伝えるようにしましょう。冷蔵庫などで保管すると長持ちします。
- 小麦粉でアレルギーの出る子どももいます。事前に確認しておくことを忘れないようにしましょう。

発展・応用
- 粘土に食紅で色を練り込んでカラー粘土をつくることができます。

・粘土を型抜きしトースターで焼き，リボン等で吊るすと美しい飾りになります。
・粘土べらやローラーなどと合わせてカラースティック（爪楊枝やアイスキャンディの棒等に色をつけたもの）を準備すると子どもの想像力を刺激し，製作の幅が広がります。
・ひとつの街をイメージして共同作品へ仕上げます。

① テーブルを何台かつなげて大きな場所を準備する。
② 細長く伸ばした粘土を道に見立てて自由に道を広げてゆく。
③ 道を広げつつ，子どもの自由な作品を配置し，公園や動物園など共同で作品をつくりつつ街へとイメージをつなげてゆく。

　この活動は何人でもいつからでも楽しめるので，自由に子どもたちが参加し，活動を終えることができます。保育室にコーナーとして設けたり，保護者参加の活動にも応用できます。

火にかけて小麦粉粘土をつくる

　もうひとつのつくり方として，火にかけて小麦粉粘土をつくる方法を紹介します。あらかじめ保育者が準備しておくので，この方法だと2歳児からでも遊ぶことができます。

  準備物 （cup = 200 cc の計量カップ）

　小麦粉　1 cup　　塩　1/4cup
　水　1 cup　　油　小さじ1

  つくり方

① 材料を全部混ぜ合わせる。
② 材料を鍋に入れて，中火にかけて木じゃくしでかきまぜる。ボールの形ができるくらいの固さで火からおろす。（約3分）
③ 食紅で色つけをするなら，粘土を分けて色づけする。

④ クッキングシートの上で粘土が製作しやすい柔らかさになるまでこねる。

スライム

  ねらい

・液体を混ぜ合わせてスライムができあがる不思議を体験する。
・スライムの感触を楽しんで遊ぶ。

  対象年齢　3歳児以上
　　　（3歳児未満は誤飲の危険性があるので適さない。）

  準備物

　洗濯のり　40 cc
　水　40 cc
　ほう砂　1 tsp.
　食紅（水彩絵の具でも可）　適宜
　使い捨ての透明プラスチック製コップ　2個
　わりばし（混ぜるための物）　1膳

  つくり方

① 水40 ccに食紅を混ぜて好みの色水をつくる。
② 色水に洗濯のり40 ccを入れて混ぜる。
③ ほう砂飽和水溶液を少量ずつ混ぜながら好みの固さにする。（コップ1/3の水に小さじ1のほう砂を混ぜた上澄み液）

  指導上の留意点

・好みの固さのスライムに仕上げるためには配合が難しいかもしれません。ほう砂飽和水溶液は固さを確認しながら少しずつ加えるといいでしょう。
・水の分量はコップに印を入れて，子どもが自分で計って入れられるように準備しておきましょう。
・そのほかはグループ（各個人）ごとに計量し

たものを準備しておきます。
- 幼児にとって「ほう砂飽和水溶液」を理解するのはむずかしいので、「魔法の薬」などとよびかえて伝え、空想を広げてみるのも楽しいでしょう。
- ほう砂は眼科で使用するもので毒ではありませんが、多量に摂取することはよくありません。絶対に舐めたり、口に入れたりしないように伝え、遊んだあとは手洗いを指導しましょう。

[発展・応用]
- 色水遊びを十分に楽しんだ後の発展的遊びとして、好みの色水を子どもたちがつくり、それを用いてスライムをつくるのも楽しいですね。ただし色水づくりとスライムづくりは一度にせずに別に活動時間を設定するほうがよいでしょう。

▶ ワンポイントアドバイス

用途に合わせて粘土を選ぼう

　一口に粘土といってもさまざまな種類が販売されています。紙粘土は軽量のものがよくでていますが、ほかにも仕上がりがつるつるとした感触で軽いパン粘土、弾力があり割れにくい樹脂粘土、彫刻のできる石粉粘土、オーブンで焼いて仕上げるオーブン粘土、やわらかく感触のよい土粘土などさまざまな粘土が販売されています。いろいろ試してみて下さい。

小麦粉粘土製作の授業（高崎健康福祉大学児童福祉学科学生）

教室の床に座りこんで

小麦粉粘土でつくった作品

2 お化けコップ

　ストローを使って息を吹き込むとポリ袋が膨らみ，袋を押さえるとポリ袋が縮む，ただそれだけですが，袋にお化けの顔を描くことによって，お化けが出たり入ったりするというおもしろさがあります。この遊びをとおして，空気の存在を知るきっかけにもなるでしょう。

ねらい
・ポリ袋の中に息を吹き入れたり，手で袋を押さえて空気を出したりすることにより，空気の存在を知る。

内容
・コップの中からお化けが出たり入ったりすることのおもしろさを味わう。
・友だちを驚かせたりしながらいっしょに遊び，感じたことを表現して楽しむ。

対象年齢　3歳児以上

準備物
ポリ袋　1枚　　曲がるストロー　1本
紙コップ（ストローを通す穴をあけたもの）1個
セロハンテープ　油性ペン

つくり方
①ポリ袋の口を下にして，上半分に油性ペンで，お化けの顔をかく。低年齢の場合は，シールを貼ったり，切った画用紙を貼るとよい。
②曲がるストローの吹い口（短い方）をポリ袋の口で包み，セロハンテープでしっかり固定する。
③紙コップの横に，曲がるストローを通す穴をあける。
④穴に曲がるストローを内側から通し，ぐらぐら動かないようにセロハンテープで固定する。

指導上の留意点
・紙コップにはあらかじめストローを通す穴を開けておきましょう。
・ストローとポリ袋をセロハンテープでとめる際，注意深くとめないとうまく袋が膨らみません。空気がもれないように，またねじれて膨らまないように，工夫しなければならないことを伝えましょう。
・3歳児の場合は，あらかじめつくっておいて，つくり方の①の部分だけを自分でさせ，あとは膨らませて遊ぶようにするとよいでしょう。

発展・応用
・紙コップにも絵を描くとより楽しいでしょう。
・雨の日に，デパートやスーパーでつかう，かさ用のポリ袋を使うと，より大きく膨らんでおもしろさが増すでしょう（完全に膨らませるにはかなりの肺活量がいるので，無理をしないようにしましょう）。

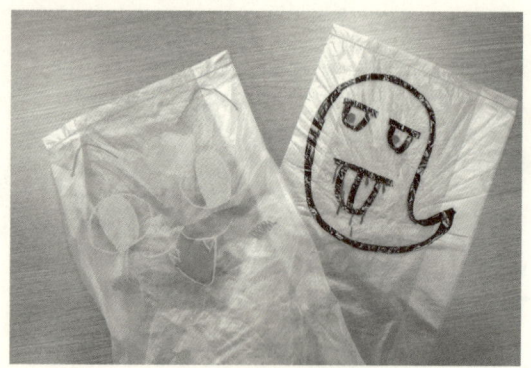

ビニールの部分
（樟蔭東女子短期大学生活学科学生の作品）

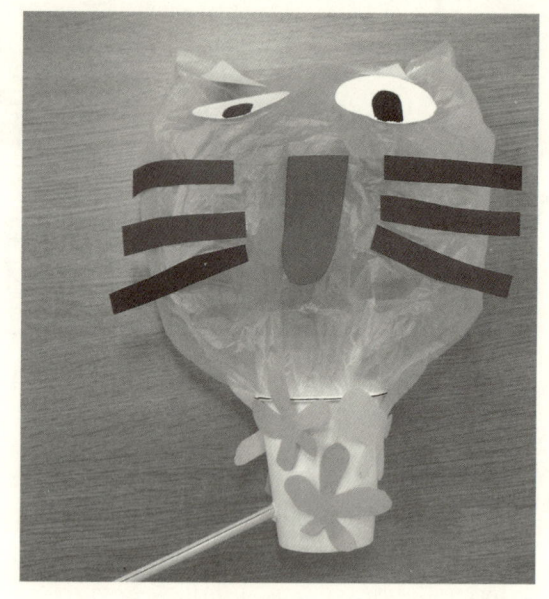

膨らんだとき
（樟蔭東女子短期大学生活学科学生の作品）

3 ゴム風船ロケット

ふくらませたゴム風船の口をしばらないでそのまま手を離すと、ゴム風船は飛んでいってしまいますが、ここではロケット状の帽子をつけてストローをガイドにし、まっすぐに動くロケットのつくり方を紹介します。

ねらい
・ゴム風船を使って空気の存在を知る。
・閉じ込められた空気が外に出るときの力によって、ゴム風船が動くことを知り、その動きを楽しむ。

対象年齢 4歳児以上

準備物
画用紙　風船　ストロー　たこ糸または針金　セロハンテープ　はさみ

つくり方
①画用紙に、直径35〜40cmの円を描いて丸く切り取り、それを二等分して半円にする。
　＊円の大きさは画用紙の大きさに応じて、適当な大きさでよい。
　＊小さい半円だと、丸めた場合、小さいロケットになる。
②図のように半円形の画用紙で、風船を入れるロケット状のものをつくる。
③この底のないロケットに、ストローをセロハンテープで図のように留める。

＊ストローはゴム風船ロケットのガイドになり、あとで糸（針金）を通すので、半分くらいの長さに切って使う。

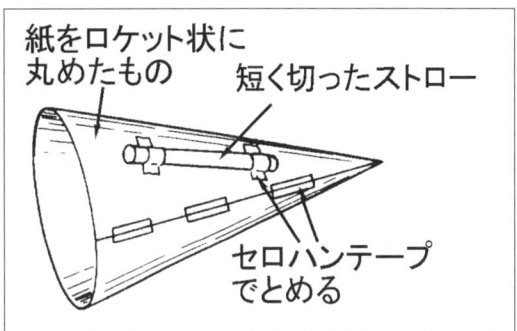

④ストローの中に、たこ糸または細い針金を通す。
⑤糸の長さは、遊ぶ場所の広さによるが、3〜5mくらいがよい。糸の一方を部屋の窓枠などにくくりつけ、もう一方を手に持つか、ほかの場所にくくりつけて、ロケットが自由に滑らかに動くようにする。
⑥ゴム風船を膨らませて、ロケットの中に入れ、ゴム風船の口を押さえている手を離す。するとロケットは糸にそって飛び出していく。

指導上の留意点
・半円形の画用紙を丸めてロケットの形にするのがむずかしいので、なれるまでは援助が必

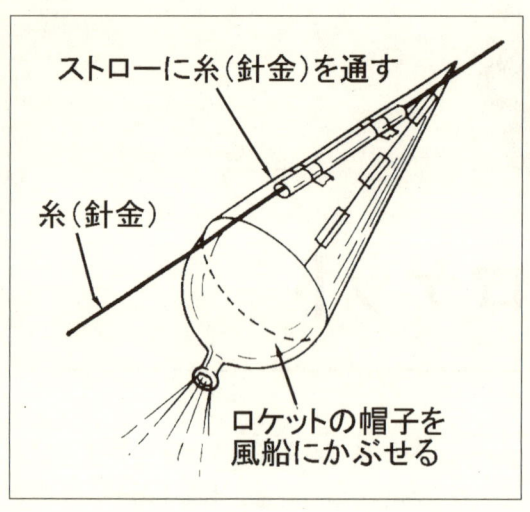

要です。また，ガイドになるストローをロケットに貼りつけるときにも，図のようにまっすぐ貼りつけるのは難しいでしょう。しかし，少しずれていても，ロケットの形になっていなくても，十分楽しめます。

・幼児にとってはゴム風船を口で膨らますことがかなりむずかしいので，浮き輪などをふくらませる空気ポンプを使うとよいでしょう。

起き上がりこぼし (指導案 p.79)

　机の上，床の上など平らな場所に置いて，指でゆらゆら揺らしましょう。さらに，平らな板などで坂をつくってみましょう。坂の角度によっては，揺れながらすべっていきます。また，おもりの入っていない起き上がりこぼしや，おもりの重さを変えた起き上がりこぼしをいろいろつくってみて，それぞれの動き方のちがいを楽しみましょう。

ねらい
・起き上がりこぼしで遊ぶことによって，おもりの意味に気づく。

対象年齢　4歳児以上

内容
・指で揺らしながら，起き上がりこぼしの動きを楽しむ。
・友だちとつくったものを見せ合いながらいっしょに遊ぶ。

準備物
紙コップ　ガチャポンのケース　粘土　セロハンテープ　折り紙など

つくり方

A　おもりが入っていない起き上がりこぼし
①紙コップの底とガチャポンのケース（透明で丸い方）をくっつける。
　＊ガチャポンのケースが紙コップの底より大きい場合は，ガチャポンのケースの中に紙コップの底をすっぽり入れて，テープで固定する。
　＊ガチャポンのケースが紙コップの底より小さい場合は，紙コップの底にガチャポンのケースを当ててテープで固定する。
②紙コップやガチャポンのケースに顔を描いたり，色を塗ったり，折り紙をくっつけたりする。

B　おもりを入れた起き上がりこぼし

　Aのようにおもりが入っていない起き上がりこぼしは，ゆらゆら揺れずにすぐに横に倒れてしまいます。そこで，ビー玉より少し大きいくらいの粘土をガチャポンのケースの内部におもりとして貼りつけます。すると，安定して起き上がりこぼしが立ちますので，ゆらゆら揺らし

て遊ぶことができます。

指導上の留意点

　紙コップとガチャポンのケースをくっつける作業が，なれない間はむずかしいでしょう。しっかりくっつける必要はありませんが，くっついた箇所が安定していないとすぐにはずれてしまいます。粘土をガチャポンのケースの底にくっつけるとき，中央部にくっついていないと起き上がりこぼしができあがっても傾いた状態になってしまいます。また，くっつける粘土の量が多いと傾いてゆらゆら揺れる動きが小さくなってしまいます。

発展・応用

　最初に，AとBの2パターンの起き上がりこぼしをつくっておき，ガチャポンの透明ケースのところは，折り紙などを貼って中身が見えないようにしておきましょう。遊びの導入において，その中身の見えないAとBの起き上がりこぼしをいくつか用意しておき，どうして同じように見えるのに，動きがちがうのだろう？と考えるきっかけをつくっておくと，「おもり」のはたらきの重要性に気づくきっかけになります。

第1章 つくって遊ぼう　11

5 紙皿フリスビー (指導案p.80)

　園庭などの広い場所で，紙皿フリスビーを飛ばして遊びます。だれが一番遠くまで飛ぶかの競争や，複数でキャッチボールのように投げ合ってやりとりします。

 ねらい
・紙皿でつくったフリスビーを飛ばし，飛ぶためには軽すぎても重すぎてもうまく飛ばないことに気づく。
・紙皿に描いた絵や塗った色が，回転することによって見え方が変わることに気づく。

対象年齢　4歳児以上

内　容
・自分のつくったフリスビーを飛ばし，飛ばし方を工夫しながら，さまざまな飛び方や絵の見え方を楽しむ。
・友だちとだれが一番遠くに飛ばせるかなどを競い合い，いっしょに遊ぶ。

準備物
　紙皿　セロハンテープまたは両面テープやのり　クレヨンや絵の具など

つくり方
①紙皿2枚をのりや両面テープで貼り合わせる。
②紙皿の両面に，絵を書いたり，色を塗ったりして，自分だけのオリジナル紙皿フリスビーに仕立てる。

指導上の留意点
・紙皿を貼り合わせることは意外にむずかしく，子どもたち一人一人の能力差があることを理解しておきましょう。
・紙皿を1枚だけで飛ばしてみると，あまり飛びません。2枚張り合わせることにより，重みと紙の強さが増し，遠くまでクルクルとよく飛ぶようになるので（紙皿によっては，3枚貼り合わせたほうがよいものもあります），重さのちがいに気づくような言葉かけを心がけましょう。
・飛ばすときのコツは，フリスビーと同じように横にして（地面と平行に）投げることです。そのときに，写真のように手首を使って自分のおなかからスッと投げるようにするとよく飛びます。
・紙皿に，いろいろな色を塗ったり，マーブリング模様をつけたりして，飛ばすときにカラフルになることを子どもたちが発見できるようなかかわりをしましょう。
・室内で遊ぶときは広い場所を確保し，友だちに向けて飛ばさないように注意しましょう。

発展・応用
・積み木や小さな小箱，ペットボトルなどを「的（まと）」に見立てて，的あてゲームなど

をしてみましょう。
・紙皿の大きさをいろいろなサイズで試してみると，飛び方のちがいや飛ばす要領のちがいが体験できます。

6 紙皿やじろべえ

紙皿のふちを使ってやじろべえをつくります。うまくつりあいがとれるように，顔や手の形や貼る位置を考えて楽しみます。そのことによって，左右のバランス・重心を学びます。

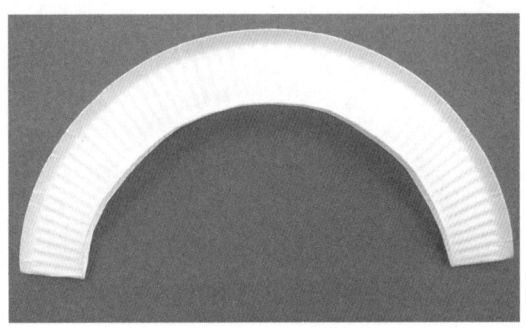

紙皿のふちだけを切りとる

ねらい
・やじろべえの原理を体験し，バランスの仕組みを知る。
・やじろべえの動きを楽しむ。

対象年齢 4歳児以上

内容
・指の上にやじろべえをのせて揺らし，バランスがとれる工夫をして楽しむ。
・机の角や棒の先にやじろべえを乗せたりして，さまざまな動きを楽しむ。

準備物
紙皿　つま楊枝またはマッチ棒　はさみ　のり・セロハンテープ　クレヨン・絵の具など

つくり方
①紙皿を2つに折って，ふちをはさみで切る。（開くと，ふちだけ残りドーナツ型になる）
②紙皿の内側のまるい円の部分を使って，動物などの顔や手の形を書いて，切り取る。
　＊端につける手は，おもりの役目になりますので，できるかぎり大きくつくりましょう。また，顔もそれと同じくらいの大きさになるようにしましょう。
③①の2つに折った紙皿を接着剤で貼り合わせる。そのときに支点になるつま楊枝（マッチ棒）を真ん中に挟みこむ。

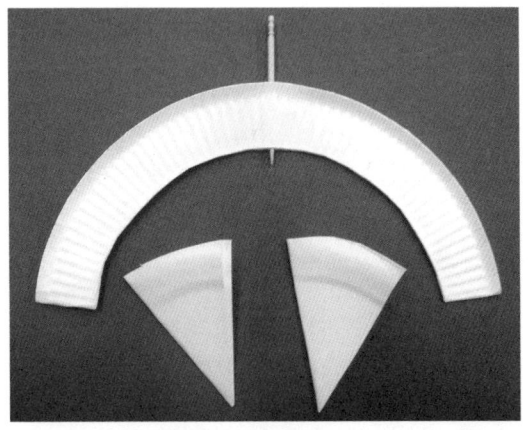

つま楊枝やマッチ棒を挟みこむ

④顔を支点のところに貼る。つま楊枝（マッチ

棒）がかくれるぐらいがちょうどよい。
⑤紙皿の両端に左右の手を貼り合わせる。できるかぎり紙皿の端になるようにする。
⑦指の上に支点のつま楊枝（マッチ棒）を乗せてバランスがとれればできあがり。

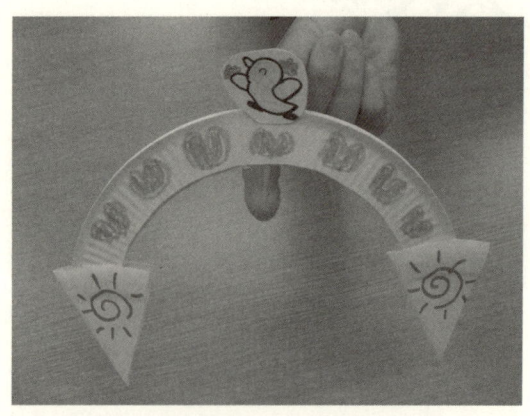

両端の紙はおもりの役割
（樟蔭東女子短期大学生活学科学生の作品）

指導上の留意点

- 左右どちらかに大きく傾くときには，下がったほうが重いので，そちらの紙を少し切って小さくしましょう。反対に，軽いほうの紙に少し紙をつけ足して重さを調整することもできます。
- 左右ではなく，前後に倒れるときは，顔を貼る位置を少し下に下げるか，顔の上のほうを少し切って小さくしてみましょう。
- うまくバランスのとれない子どもにはどのように工夫すればよいかをいっしょに考えるようなはたらきかけをしましょう。

ゆらゆらシーソー人形 (指導案 p.82)

ボールのように丸いものはころがりますが，ゆらゆらシーソー人形は揺れるだけです。この遊びを通して起き上がりこぼしや紙皿やじろべえと同様に，左右のバランスや重心について体験的に学びます。

ねらい
・材料選びを楽しみ，製作を工夫する。
・ゆらゆら揺れるシーソー人形の動きを通して，バランスの仕組みを知る。

対象年齢　3歳児以上

内　容
・ゆらゆらシーソー人形の不思議な動きを楽しむ。
・友だちと見せ合ったりして，いっしょに揺らしながら遊ぶ。

準備物
紙皿　画用紙または厚紙（支えのための3cm×6cmぐらいの長方形のものと，絵を描いて切り取るためのものをそれぞれ用意）　はさみ　のり　クレヨン・絵の具など

つくり方
①紙皿（大きさは自由）を2つに折って，ぴったり合うように重ねる。
②画用紙（厚紙）を3cm×6cmぐらいの長方形に切る。
③画用紙（厚紙）の両端を折り曲げて，写真のように紙皿の内側に貼って支えにする。
＊左右のバランスを考えてはること。

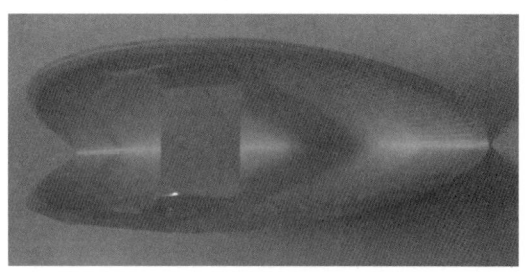

紙皿の内側に画用紙を貼る

④画用紙（厚紙）で人形やカニの顔・手足などをつくる。
＊絵を描いてハサミで切る
⑤その人形やカニの顔・手足を紙皿に貼る。

樟蔭東女子短期大学生活学科学生の作品

指導上の留意点

- 紙皿に支えの画用紙（厚紙）を貼るだけでもできますが，このときに，支えの画用紙（厚紙）の貼る位置が悪いと，左右どちらかに傾いてしまいます。そのような動きもまたおもしろいので，子どもといっしょにさまざまな動きを楽しみましょう。
- より簡単にすると，画用紙（厚紙）に人形（人の顔）を書いて切り取り，紙皿の上部に貼るだけでも，紙皿の中心にうまく貼れれば，左右のバランスが保てます。
- 低年齢の子どもたちが製作する場合は，あらかじめバランスがとれるように土台となるシーソー部分をつくっておき，顔や手足を描いて貼るだけにしておくとよいでしょう。
- カニのように左右にくっつけるものは，カニの足の大きさのちがい，目やつめを貼る位置のちがいによって，バランスのとり方がむずかしくなります。しかし，ゆらゆらゆれることには変わりないので，左右どちらかに傾いていても，それでよしとする配慮が必要です。また，カニの足，つめ，目など左右につけるものは，1つずつ絵を描いて，その後画用紙を2枚重ねて（折り曲げて2重にして）切り取ることで，同じものができるので，それを使うことで左右対称形にすることができます。

風ぐるま

風車は，風を受けて回転します。風があるときには，風の力で，風がないときには，自分自身が動き回ったり，口で息を吹きかけたりして風車が回転します。

空気が動くと風が起こるわけですが，この遊びでは，風の存在に主体的に気づくということと，うまく回転するには，羽の曲げ方に工夫がいることを学びます。

ねらい
・風の力で羽が回る仕組みを知る。
・風の方向と羽の向け方によって回り方が変わることに気づく。

対象年齢　4歳児以上

内容
・風があるときは，風の吹く方向を考えながら戸外で遊び，回り方のちがいを楽しむ。
・風がないときには，羽に息を吹きかけて，どのように当てればよく回るかを友だちといっしょに工夫する。

準備物
正方形の厚紙（ハガキくらいの厚さのもの，中心部に穴を開けておく）　ストロー　マッチ棒　はさみ　ボンド

つくり方
①厚紙に切り込みをいれる。
②切込みをいれたところを，同じ方向を向くように注意しながら折りまげる。
③中心部分にマッチ棒が入るくらいの穴を開け，そこにマッチ棒を通す。
④芯の部分にボンドをつけ，マッチの芯の部分と紙を接着させる。
⑤ストローにさしてでき上がり（ストローとマッチ棒は接着したり固定したりせずに，自由に回転できるようにしておく）。

指導上の留意点
・正方形の紙は，あまり大きすぎると回りにくいので，ハガキを正方形に切って使うとよいでしょう。また，名刺サイズくらい小さいと息を吹きかけても回りやすいです。
・切り込みの長さ，折り曲げる角度が紙の大きさによってちがいます。そのため，まったく

回らない子もいるでしょう。どのように工夫すればよく回るか，子どもといっしょに考えてみましょう。

・風が吹いているときに，風の吹く方向にまっすぐ向くよりも直角方向に向いた方がよく回ります（つまり風が横から当たる）。
そのような走り方も子どもたちといっしょに考えられるようなはたらきかけをしましょう。

・走り回るときには，マッチ棒を使うので，転んでマッチ棒が目に入らないように気をつけましょう。

・ほかの素材としては，正方形の紙の代わりに紙皿や紙コップを使うこともできます。

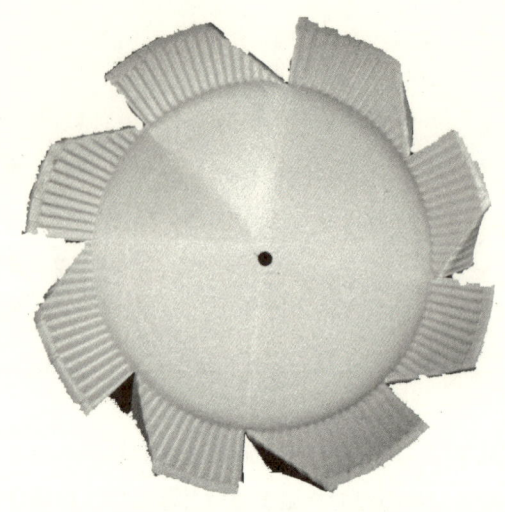

紙皿でつくった風ぐるま

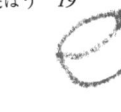

糸電話 (指導案 p.84)

　紙コップと糸でつくった糸電話は，声の振動が紙コップに伝わり，さらに糸を伝わって相手の紙コップまで伝わります。声がどうして伝わるかという不思議さを感じることが第1のねらいです。そして，素材をいろいろ変えて試してみても伝わるのだという探求的な活動に発展するのが第2のねらいです。

　第3のねらいは，自分と相手のコミュニケーションのツールとしての活用です。そのような遊びのなかで，自分の思いや感動をだれかに向けて表現するよろこびを感じるというのが表現遊びとしてのねらいになります。

ねらい
- 振動によって声が伝わる糸電話の仕組みを知る。
- 素材のちがいによって伝わり方が変わることに気づく。
- 糸電話を用いて友だちと遊び，コミュニケーションを深める。

対象年齢　4歳児以上

内容
- 友だちと組になって，糸電話でのやりとりを楽しむ。
- 素材をかえて，ちがう声の伝わり方を楽しむ。

準備物
　紙コップ（2個で1組，底に穴を開けておく）　マッチ棒またはつま楊枝　木綿糸　セロハンテープ　クレヨン・絵の具・色紙など

つくり方
① 紙コップ（2つ）の底に糸が通るくらいの穴をあける。
② 糸を紙コップに通して，その先をマッチ棒（つま楊枝）にくくりつけ，セロハンテープで止める。

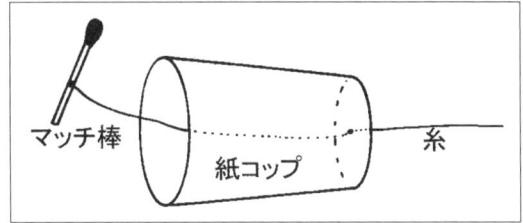

③ もう一方の紙コップも②と同じようにつくる。
④ 紙コップに色を塗ったり，絵を描いたり，色紙を貼ったりして装飾する。

指導上の留意点
- 糸電話は，糸をピンと張らないとうまく伝わりません。そこで，糸を張っても糸がとれないようにマッチ棒などを止め具にします。
- 止め具を固定するのがむずかしい子もいますので，とまどっている子どもには場合によっ

て援助が必要となります。
・遊ぶときには，声が伝わることの不思議に気づくような言葉かけをしましょう。

樟蔭東女子短期大学生活学科学生の作品

[発展・応用]

(1) 素材を変えてみる
・紙コップの代わりに，牛乳パックや空き箱が使えないか試してみましょう。
・糸の代わりにたこ糸やつり糸や細い針金や紙テープなど素材を変えてみましょう。針金など硬いものにした場合は，糸のようにピンと張る必要はなく，たるんだ状態でも音が伝わります。

(2) 発想を変えてみる

写真のようにペットボトルとホースを使って，ホース電話をつくってみましょう。ホースは，やわらかいものが幼児にとって使いやすいでしょう。またペットボトルの切り口は，テープで縁取りをするなど，ケガをしない工夫が必要です。なお，病院で使う聴診器は，ホース電話と同じ原理です。

ホース電話

10 手づくり楽器

　手づくり楽器の魅力は，身近な廃材などを利用して，オリジナルの作品がつくれることだけでなく，音質や音色そのものも子どもたちが自分で気に入った音をつくれたり，演奏のしかた，遊び方も自由に工夫したりできるところにあります。

　指導のしかたによっては，0・1歳児クラスでも楽しめるのも魅力ですね。ここでは紙コップを使用して簡単につくれる手づくり楽器の具体的な指導例を紹介します。

紙コップマラカス （指導案 p.85）

- ねらい
  - ・中身の素材のちがいや振り方によって，音色が変わることを知る。
  - ・さまざまな振り方をして，音色のちがいを楽しむ。
  - ・友だちといっしょにリズムや音を合わせることを楽しむ。
- 対象年齢　4歳児以上
- 内　容
  - ・素材の組み合わせや形状を工夫して，自分自身の作品をつくる。
  - ・音楽に合わせて，友だちといっしょに楽器を演奏して遊ぶ。
- 準備物

  紙コップ（底をくり抜いたものと普通のもの）　セロハンテープ　クレヨンや絵の具　シール，折り紙など

  中身の素材：米　ビーズ　小豆などの豆類　石　ねじ　ひまわりの種など

- つくり方
  1. 紙コップの中に好きな素材を入れ，もうひとつのコップと口側どうしを合わせてセロハンテープで止める。
  2. 底をくり抜いたものを使用して，長くつなげることもできる。
  3. 仕上がったものに，絵を描いたりシールや折り紙を貼ったりする。
- 遊び方

  友だちどうしで，中身に何が入っているか当てっこをしたり，音楽にあわせて振って遊ぶ。

- 指導上の留意点
  - ・コップを合わせたところにセロハンテープを貼っていくのがむずかしいでしょう。一人一人の子どもの取り組み具合をよく見ながら，つくりづらそうにしている子には，励ましながら言葉をかけるようにしましょう。
  - ・中身の素材は細かいものが多いので，グループごとにテーブルを用意し，各テーブルに材

料を置いておくと，子どもたちが一か所に集中せず，落ち着いて製作に取り組めるでしょう。
・いろいろな素材を入れたものをたくさんつくりたい子どもや，長い紙コップマラカスをつくりたい子どもがいます。子どもたちが楽器づくりのプロセスで，何に興味・関心をもっているかを見極めて，適切な言葉かけを心がけましょう。
・できるだけ多く予備のコップを用意しておいて，何個でもつくれるようにしておきましょう。

ブーブー紙コップ

ねらい
・アルミ箔を口の近くに持ってきて声を出すと，自分の声色が変化することを知る。またそのおもしろさを楽しむ。
・声色を工夫して，自分なりの表現を楽しむ。

対象年齢　　0・1歳児以上

内容
・友だちの声を当てっこしたりして楽しむ。
・変化した音を楽器に見立てて遊ぶ。

準備物
紙コップ（底をくり抜いたもの）　アルミケース（お弁当などに使うもの）　セロハンテープ　クレヨンや絵の具　シールや折り紙など

つくり方
① 底をくり抜いた紙コップの底側にアルミケースのカップ状になった部分をあて，周囲と紙コップをセロハンテープでとめる。
② 仕上がったものに，絵を描いたりシールや折り紙を貼ったりする。

遊び方
・紙コップの飲み口の側を口にあて，声を出してみる。
・アルミケースのアルミ部分が声を出した時の息の振動で震え，声色が変化する。
・音楽に合わせて歌を歌ったり，楽器に見立てて音楽遊びをしたりする。
・2グループに分かれ，1グループの子どもたちはうしろを向き，もう1グループの代表者がブーブー紙コップで声を出し，だれの声だったかを，当ててもらう。

指導上の留意点
・紙コップの底にアルミをセロハンテープでとめるのにコツが必要ですが，お弁当のおかずを小分けして入れるのに使用するアルミケースを使うと，そのカップ部分がちょうど紙コップの底に合う形になっているので，使いやすいでしょう。また縁も紙コップにそうようになっているので，止めやすいです。

・低年齢の子どもには、できあがった作品を渡し、シールを貼ったりお絵かきをしたりすることによって、自分だけの作品に仕上げるよう指導しましょう。
・この製作は遊び方もさまざまに工夫ができます。手づくり楽器で旋律楽器をつくることはむずかしいですが、自分の声が旋律になるので、「バイオリンの音」や、「フルートの音」など、子どもたちにイメージさせながら、さまざまな音色を工夫できるような言葉かけをしてみるのも楽しいでしょう。
・ブーブー紙コップを使用して歌を歌うと、楽器遊びのようになりますし、合奏の際の「ひとつの楽器」として使用することも可能です。年齢に応じた遊びを工夫すれば、0・1歳児から年長児まで楽しめます。

> ♩ ワンポイントアドバイス

手づくり楽器の意義

　保育のなかでの「音楽活動」では、「よい音」とか「悪い音」というものも、大人の押しつけで決めてしまうのではなく、子どもたち自ら「音探し」をすることから始めたいですね。大人にとっての「よい音」という価値観が、必ずしも子どもにとってそうではありません。また一般的に「幼いころからよい音環境を整えることが、音楽に対するよい感性を育てる」といわれますが、この場合の「よい音」とはどのようなものをさすのか、考えてみましょう。たしかに騒音などの多いなかで育つことは好ましくありませんが、子どもたちにとっては、少々調子はずれであったり、ガチャガチャした音であっても、そういう音を楽しむことの中から、自分なりの「よい音」を見つける機会があるものです。
　子どもたちが手づくりの楽器をつくり、音と遊ぶことをとおして、音楽の楽しさを知る時間を十分に与えたいものです。

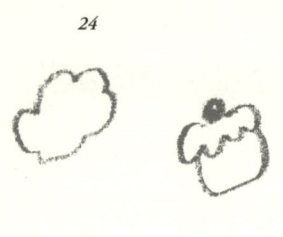

11 「絵カード」を使った音楽遊び

楽器を使った遊びは、「何かの曲を合奏する」といった方向になりやすいですね。そのような「型にはめていく」のではなく、子どもの想像性をはぐくみ、自分なりの自由な表現を十分に楽しめるような音楽遊びを紹介します。

海の仲間たち

ねらい
- 一人一人が動きや言葉でイメージしたことを表現したり、演じたりする楽しさを味わう。
- 表現遊びをとおして、海に集まる生き物などの動きなどの新しい表現を発見する。

対象年齢
4歳児以上

内容
- いろいろな表現に興味をもち、表現する気持ちよさを味わう。
- 生き物の特徴を知り、生き生きと表現することを楽しむ。

準備物
色画用紙　クレヨンや色マジック　タンバリン　鈴　トライアングル　ピアノなどの楽器

遊び方
①好きな色画用紙を選び、海に集まる好きな生き物の絵を描く。
②自分の絵をもってみんなで円になる。表に向けて足元に置き、みんなの絵を見る。
③絵を持って大きな円になり、絵を裏にしておく。
④保育者のタンバリンやそのほかの楽器のリズムに合わせて円のまわりを回る。タンバリンのリズムを変えてゆっくり歩いたり、走ったり、スキップしたりする（ピアノを使用してもよい）。
⑤楽器の音が止まるとみんなも立ち止まる。
⑥子どもの一人が好きな絵を選ぶ。
⑦みんなでその絵の動物になりきって表現する。
⑧④～⑦をくり返す。

指導上の留意点
- 音の強弱や高低を気づかせるために、楽器の音やリズムに変化をつけましょう。
- 子どもが自由に表現できるように、「○○ちゃんすごいね」などと誉めて、意欲をもたせたり、「○○ちゃん、こんな動きもしているよ」と紹介し、ほかの子どもの刺激になるようにしましょう。
- 危険がないように、あらかじめ床をチェックしたり、広いスペースで遊べるようにしておきましょう。
- イメージがわかない子どもに対しては、手をつないだり、「いっしょにやろうね」と声を

かけて，保育者とともに楽しめるようにしましょう。
・さまざまな表現が出るように，「魚を追いかけてみよう」とか，「ワカメや岩場に隠れてみよう」などの言葉をかけて，イメージを広げやすくしましょう。
・子どもが海をイメージしやすいような空間的環境を，子どもたちといっしょに考えながら準備していくのもいいですね。
・表現するときには，どのような音が表現しやすいかを子どもたちと話し合いながら，音づくりをしてみましょう。

絵カードの例（美作大学児童学科学生による）

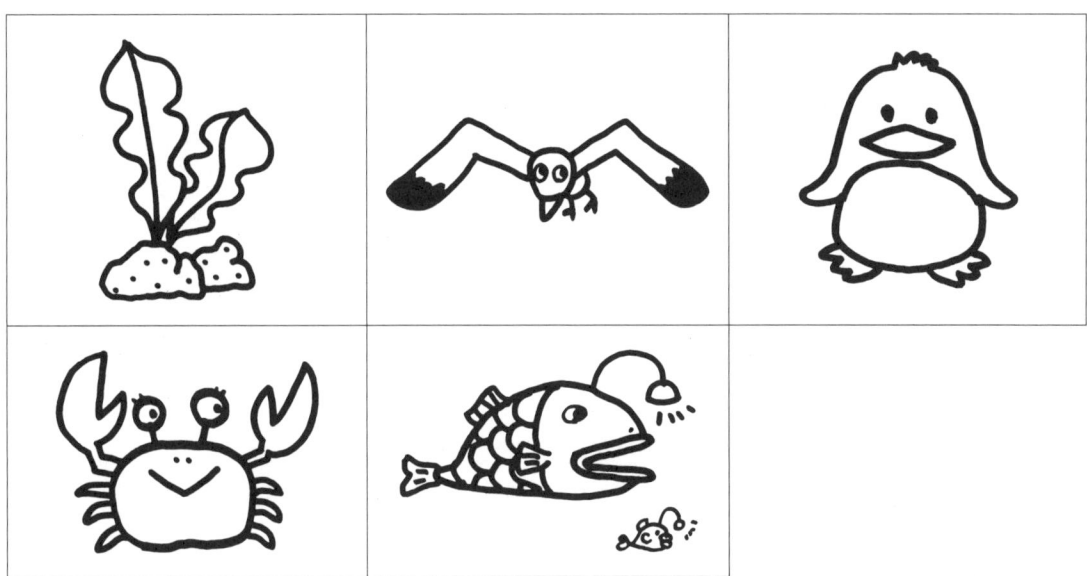

絵カードの例

空間的環境（美作大学児童学科学生による）

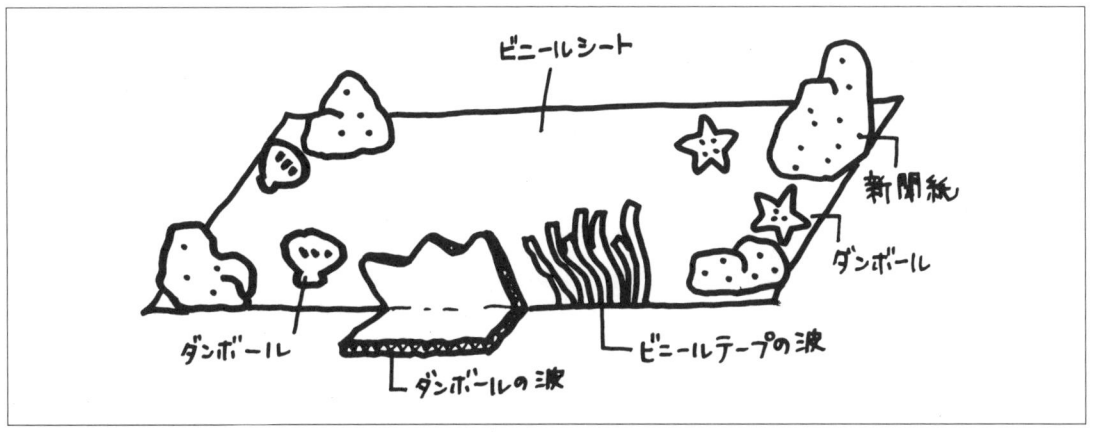

海のイラスト

音楽環境の例（美作大学児童学科学生による）

「表現遊び」の歌
※カード遊びをする前に歌を歌い，これからの遊びに興味がわくようにしましょう。

いろいろな楽器のリズム

12 影絵遊び

物体に光が当たると光と反対側に影ができることを知り，光と影の関係について体験的に学びます。また，紙など光を通さない物体や，セロハンやビニール袋などの光を通す物体があることを知り，光を通す物体では色のついた影ができることを学びます。

さらに，コップやスプーンやブロック・積み木や植物の葉など，さまざまなものを試すことによって，物体の形と影の関係について考えることができます。

▶ねらい
・光と影の関係について知る。
・光源の位置によって，描き出される影絵の大きさが変わることに気づく。
・光を通す物体と通さない物体があることや，色のついた影ができることに気づく。
・ものの形と影の関係について知る。

▶対象年齢　3歳児以上

▶内　容
・光源とスクリーンの間に人形などを置き，それを動かしながら，スクリーンに映し出される影絵の動きに親しむ。
・光源の位置を変化させて，影絵の大きさが変わることを楽しむ。

▶準備物
スクリーン（壁面を飾っていない単色の壁でもよい）　光源となるもの（プロジェクターや白熱球など）　ボール紙　色つきセロハン　わりばし　はさみ　セロハンテープ　止め具　クレヨン・絵の具など

▶つくり方（色つきセロハンの動く人形）
① 動物の形にボール紙（工作用紙）の絵を描いてから切り取る。
② 耳や目などを切り抜き，切り取った部分に色つきセロハン紙を貼る。
③ 腕のつけ根部分を止め具で留めて，人形の手が動くようにする。
④ わりばしを胴体部分と手の部分にしっかりとセロハンテープで止め，手を動かせるようにする。

▶指導上の留意点
大人にとっては，「光源→影をつくるもの（物体）→影」の関係は当たり前のことですが，子どもにとっては，必ずしも当たり前ではありません。また，光源に物体を近づけたり，逆にスクリーンに物体を近づけたりしたときに，影が小さくなったり大きくなったりするということも必ずしも当たり前ではありません。「光源と影のできる方向・大きさ」の関係について，子どもが自分自身で試し，発見できるよう，ゆ

っくりとした時間設定をしましょう。

　コップやスプーンなどさまざまなものの影を映し出して，物体と影の関係に気づくことができるよう，環境を整えましょう。

発展・応用

　4・5歳児であれば，いろいろな人形をつくり，友だちといっしょに影絵の人形劇遊びへ発展させることができます。物語を自分たちでつくったり，大好きな絵本を題材に，子どもたち自身で楽しい人形劇づくりができるようなはたらきかけもしてみましょう。

影絵遊びで使用する人形
（樟蔭東女子短期大学生活学科学生の作品）

第2章
絵の具で遊ぼう

　絵の具やクレヨンなどを用いて絵を描くという活動は，ある程度方法が限られていると思っていませんか？「○○を描く」というように，描く「モノ」が先にあって，絵の具などはそのための道具に過ぎないというように思われがちですが，実はその絵の具を使って，さまざまな遊びができるのです。

　もちろん絵の具は「道具」にはちがいありませんが，使い方の工夫ひとつでいろいろな表現遊びへと発展させていく可能性があります。この章では，絵の具を用いた表現遊びの活用法について紹介します。

　実習で行なう場合には，実習担当の先生によく相談し，準備や配慮など十分に検討しましょう。とくに絵の具は汚れたりするので，その対策を考えておく必要がありますね。子どもたちの衣服についた場合のこと，保育室の壁や床を汚さないようにすること，もし汚したらどうするのか，あるいは汚れてもいいような場所や服装などを考えることも必要でしょう。

　年齢に応じた配慮をよく考えて，子どもたちが十分に絵の具で表現できるように，楽しい活動にしたいものですね。

1 フィンガーペインティング

　最近では，防腐剤の入っていないフィンガーペインティング専用の絵の具も販売されていますが，ここでは手づくりのペインティング用絵の具を紹介します。

ねらい
・絵の具の感触を楽しみ，ダイナミックに表現する。
・筆以外の物でも絵が描けることを体験する。

対象年齢　2歳児以上

内容
・指に絵の具をつけて，画用紙からはみ出すほどダイナミックに絵を描くことを楽しむ。
・できばえにこだわらずに，自由に表現する。

準備物
30cm四方くらいのトレイ（お菓子の空き缶でも可）
のり（防腐剤の入っていないもの。小麦粉を水でかために溶いたり，お粥をつかってもよい）
水溶性の絵の具または食紅　画用紙　新聞紙　半紙

つくり方
①トレイにのりを適量おき，好きな色の絵の具を1色混ぜ込む（1色につき1つのトレイを準備しておくと作業しやすい）。
②新聞紙を広く敷き，その上に画用紙を置いて，絵の具がはみ出しても汚れないようにしておく。
③手で直接トレイの色を取り，そのまま画用紙に塗っていく。

指導上の留意点
・きれいに塗り込むというよりは，少々厚みが出るくらいのほうが作品としてはおもしろく仕上がります。
・フィンガーペインティングはきれいな仕上がりを期待する技法ではありません。感触のおもしろさ，ムチャクチャさにこそこの技法の醍醐味があります。たくさんの色を少々汚いと思うくらいこねまわし，ストレスを発散するように楽しんでみて下さい。
・年齢が低い子どもを対象とする場合は，とくに食品（ジャムで色をつけるなど）を使った材料で準備するほうがよいでしょう。

発展・応用
遊び終わった作品に，わりばし等で線画を作成し，最終的に半紙で写しとって保存することができます。

授業でフィンガーペインティングに挑戦（高崎健康福祉大学短期大学部児童福祉学科）

グループごとに1枚の絵を作成しました

顔にも塗っちゃえ！

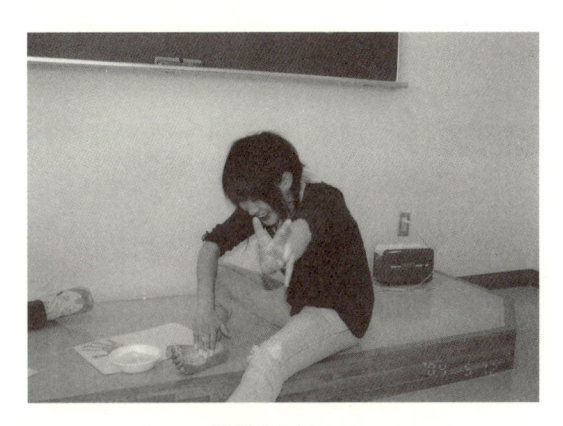

足型をとろう！

2 ボディペインティング

夏の暑い時期を利用して，プールへ入る前に外でフィンガーペインティング用の絵の具を全身に塗って遊ぶと，とても楽しい時間となります。

ねらい

大胆に絵の具遊びを楽しみ，心も体も開放感を味わう。

対象年齢 1歳児以上

内容

自分の体や友だちの体に絵の具を塗りつけ，絵の具の感触を味わいながら遊ぶ。

準備物とつくり方

「フィンガーペインティング」と同様のつくり方でできます。

指導上の留意点

自分自身で体に塗り込んでもおもしろいのですが，楽しいいたずら半分に，子どもたちどうしで互いに塗り合い，スキンシップの延長として活用してみましょう。

発展・応用

・全身に塗れたら模造紙に寝転んで，体の形取りもできます。
・テーブルにビニールシートをかけたものを準備し，フィンガーペインティングのように絵を描いて楽しみ，半紙やコピー用紙に写しとるコーナーを設けるとさらに遊びが広がります。

3 シャワーカーテン

　透明なシャワーカーテンへのペインティングとして，フィンガーペインティングの応用です。遊具と遊具の間に，もしくは物干し竿に透明なシャワーカーテンを吊り下げ，フィンガーペインティング用の絵の具でダイナミックな落書きします。

　筆はもちろん，手も使って好きなだけ描く感覚は最近ではなかなか経験しにくいことですが，友だちとの共同作品をつくったり，一人一人が自分なりの表現を楽しんだりすることができます。

　カーテンはビニール製なので，バケツに水を張りスポンジを用意しておくと，子どもが自分で消すことができます。もちろんホースで水をかければ絵の具を一気に流すこともできます。

ねらい

・壁に落書きをするように，吊るしたシャワーカーテンに絵を描くことを楽しむ。
・大胆に絵の具遊びを楽しみ，心も体も開放感を味わう。
・透明のカーテンを挟んで両面から絵を重ねたりするなど，友だちとのかかわりを楽しむ。

対象年齢
2歳児以上

準備物
「フィンガーペインティング」で使用する材料
シャワーカーテン

指導上の留意点
「ボディペインティング」とあわせて遊ぶと，とても楽しむことができます。

♪ワンポイントアドバイス

手づくり指絵の具
　最近はペインティング専用の絵の具も市販されていますが，においがきついもの，水着や洋服についた場合洗ってもなかなか落ちない製品などがあります。ペインティングの材料のところでも紹介していますが，のりは小麦粉やお米，色づけには食紅を使う等，身近な素材を使って乳幼児の体に害のないもので対応できることを覚えておくと便利です。

糸目ころがし (指導案 p.87)

糸を筒に巻きつけて，コロコロスタンプをつくります。一方向だけでなく，あらゆる方向から重ねて転がしていくと，より幾何学的でおもしろい作品に仕上がります。偶然にできる模様のおもしろさを楽しみましょう。

ねらい
・自由に巻きつけた糸目からつくりだされる模様の不思議さにわくわくする気持ちを経験する。
・筆以外の物でも絵が描けることを知る。

対象年齢
3歳児以上

内容
画用紙の上に，糸を巻きつけた筒を転がして転写し，偶然にできる模様を楽しむ。

準備物
ラップやガムテープ，セロハンテープの芯など，固い紙でできた筒状のもの
たこ糸（50cm程度）　セロハンテープ　画用紙　水溶性の絵の具　筆　パレット　水入れ

つくり方
①糸を好みで2～3分割する。
②用意したラップなどの芯の側面にたこ糸の端をセロハンテープで留め，糸を不規則に巻きつけていき，糸の終わりを再び芯にセロハンテープで固定する。
③同様の方法で2～3回方向を変えて重ねて巻きつける。不規則であればあるほど作品に味が出る。
④好みの絵の具を数色溶き，巻きつけたたこ糸に筆でたっぷりと塗る。
⑤画用紙の上をコロコロと，何回も転がす。

指導上の留意点
色は3色くらいをランダムに塗ったほうが仕上がりがきれいに見えます。また，筒の部分にある程度絵の具がついても印刷にはあまり影響ありません。

糸の端をセロハンテープで固定し，不規則に巻きつける。

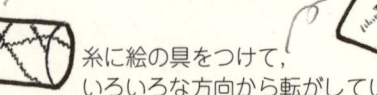

2～3本巻きつけると，このような感じになる。

糸に絵の具をつけて，いろいろな方向から転がしていくと，おもしろい模様ができあがる。

5 ビー玉ころがし

糸目ころがしと同様に，不規則にころがるビー玉によって描かれる模様を楽しみます。ビー玉につける絵の具を変えて，同じ画用紙に重ねて転がしていくとユニークで不思議な模様ができあがります。

ねらい
・ビー玉の動きに合わせて浮かび上がる模様の不思議さを体験する。
・普段とはちがうビー玉の使い方で絵が描けることを知る。

対象年齢　3歳児以上

準備物
ビー玉2〜3個　30cm四方くらいのトレイ（菓子の缶など）　トレイに入る大きさにカットした画用紙　水溶性の絵の具　筆　パレット　水入れ

つくり方
①パレットに好みの絵の具を数色溶いておき，ビー玉を入れ着色する。1回につき1色とする。
②ビー玉に色がついたら，画用紙の入ったトレイにビー玉を置き，トレイごと両手で持ち上げてビー玉を転がす。

指導上の留意点
転がす際に勢いをつけすぎるとビー玉がトレイからこぼれ落ちるので，気をつけましょう。

6 霧吹き絵

　この方法で描く模様も，偶発的にできるおもしろさがあります。画用紙でつくった型紙を置いてスプレーし，型紙をとると，白い抜き型部分が現われ，その意外性もまた子どもが興味・関心を示すところです。

ねらい
- 霧吹きで色を重ね，自然に現われる色の変化を楽しむ。
- 型紙をとるとできる模様の不思議を楽しむ。年長児ではその原理も理解して楽しむ。

対象年齢　3歳児以上

準備物
霧吹き2～3本　画用紙　画用紙の端紙　セロハンテープまたは両面テープ　水溶性の絵の具　筆　パレット　水入れ

つくり方
① 画用紙の切れ端で好きな形を切り抜き，セロハンテープを輪状にしたものか両面テープで画用紙に軽く固定する。
② 霧吹きに容器の1/4程度の水を入れ，好きな絵の具を垂らし，薄い色水をつくる。
③ しっかり振って絵の具をよく溶かし，画用紙を立てるようにして霧吹きする。
④ 淡い味わいあるグラデーションができるように，ちがう色で何回か色を吹きつけて重ねる。
⑤ 固定していた切り抜きをはずすと幻想的な作品ができあがる。

指導上の留意点
　霧吹きするときは，20～30cm離して吹きつけると，よりきれいな仕上がりになりますが，霧吹きといっても完全な霧状で吹きつけられるわけではないので，多少粗さの残る状態となります。

7 さまざまなスタンプ

　いろいろな素材に絵の具をつけて，スタンプをつくりましょう。素材のちがいによって，出来ばえや質感が異なります。一定の期間続けて遊ぶことによって，工夫することのおもしろさに気づきます。友だちといっしょにつくったり，素材のちがうスタンプを組み合わせ，テーマを決めてひとつの作品を仕上げるのも楽しいでしょう。

紙粘土のスタンプ

ねらい

・同じ形がいくつもスタンプされる方法を知り楽しむ。
・凹凸をつけることで絵が現われるスタンプの原理を理解する（5歳児）。

対象年齢　3歳児以上

準備物

　紙粘土（50gくらい）　粘土板　わりばし　竹串　画用紙　水溶性の絵の具　筆　パレット　水入れ

つくり方

①粘土を握りやすい大きさに分け，印字面が平らになるようにして，スタンプ台をつくる（板に印字面を押しつけると簡単に平らになります）。
スタンプ台そのものを好きな形（ハートや星など）につくってもおもしろい。
②印字面にわりばし等で模様をつけて，紙粘土が乾くまで待つ。
③印字面に筆で絵の具をたっぷりと塗り，画用紙にスタンプしていく。

指導上の留意点

・形を整えた紙粘土がしっかり乾くには丸一日かかりますが，4・5歳児だと，力の入れ方を加減すれば，紙粘土が乾いていない状態でもスタンプを押すことができるので，工夫するように伝えてみましょう。
・印字面への着色は，1色に限らず，カラフルに塗り分けてみてもおもしろくなりますが，先に塗った部分からどんどん乾いていきますので，手早く仕上げるよう配慮しましょう。

段ボール，エアークッションのスタンプ

ねらい

・身近にある素材の特徴を見つけてスタンプ遊びを楽しむ。
・凹凸をつけることで絵が現われるスタンプの原理を理解する（5歳児）。

[対象年齢] 3歳児以上

[準備物]

段ボール（15cm四方くらい）　エアークッション（15cm四方くらい）　画用紙　水溶性の絵の具　筆　パレット　水入れ

[つくり方]

それぞれの素材に筆で色づけし，画用紙に模様をつけていく。

[指導上の留意点]

・段ボールは解体して中の波型の部分を活用したり，丸めて筒状にしたりして形のおもしろさを楽しみましょう。
・エアークッションはドットのおもしろさを多色で塗り分けると，イメージが広がります。
・スタンプで作品を仕上げる場合は，たくさんの素材，色を組み合わせると表現が広がり，より創造的な作品へとつながります。

落ち葉のスタンプ

野菜の断面を使用したスタンプは，近年，食物のたいせつさを損なうという理由から敬遠されがちです。そこで，落ちている葉っぱを拾って素材とするのはどうでしょうか。形のおもしろさや，季節感も十分に味わうことができます。ただし繁っている葉っぱをちぎって持ってくることは，命を育む観点からもよくないので，気をつけましょう。

[ねらい]

・葉脈に気づき，自然物への興味を深める。
・スタンプされる葉の美しい模様を楽しんでデザインする。

[対象年齢] 3歳児以上

[準備物]

落ち葉　画用紙　水溶性の絵の具　筆　パレット　水入れ　コピー用紙など

[つくり方]

葉っぱの裏面に絵の具を塗り（表面は水分をはじく性質があるので絵の具がのりにくい），画用紙の上に印刷する面（絵の具をつけた面）を下にして置き，その上に薄い紙（コピー用紙等）を重ね紙の上から手のひらでまんべんなく押さえつけて模様を印刷する。

[指導上の留意点]

ちがう種類の葉を用い，さまざまな形を楽しみましょう。また色味を変えて印刷していくとおもしろい作品ができます。

[発展・応用]

（1）スタンプ台をつくる。

印字面に絵の具を筆で塗る方法だけでなく，手づくりのスタンプ台を活用してもおもしろいでしょう。

スーパーで肉や魚が入っているスチロール製のトレイを数枚用意します。次に脱脂綿をうすくのばして，3～4枚重ねにしたガーゼで包み込んでセットします。水で溶いた絵の具をガーゼに染み込ませてできあがりです。

（2）仕上がった作品（模様）を活用する。

・包装紙にする

模造紙等に子どもどうしで協力し，スタンピングします。カットして，プレゼントが大好きな子どもたちが気軽に活用できるようにしてみましょう。

・カードにする

作品を長方形に切り，色画用紙等に貼りつけ，半分に折ると素敵な模様が表紙になったカードができあがります。母の日，父の日，敬老の日，クリスマス等に活用してみましょう。

▶ ワンポイントアドバイス

押しつけの保育にならないために

　自由活動から設定へ移行する場合，多くの保育者が子どもの活動の流れを止めてしまわないように，押しつけの保育にならないようにと心を配ります。まずは経験してほしいと願うその活動に興味がわくような環境設定が必要です。子どもが興味を示すときとはどのようなときでしょうか？　やはり「楽しそう」であることが一番でしょう。そして「これはどんなふうに使うの？」，「何をするの？」と好奇心をかきたてる見せ方がたいせつです。

　使用する道具をまず紹介するのもよいでしょう。また子どもは何をしているのか，何ができるのかわからないままに活動していることがあります。意欲的に独創性を発揮して取り組むためには，きちんと全体のイメージを伝える必要があります。

　最初から方法の説明ばかりに気を取られて，子どもにとって楽しいものを見落とさないようにしましょう。

第3章 自然と遊ぼう

　「自然」を題材に立案することは，実習の段階では困難かもしれません。ですが保育環境においては，木の葉やどんぐりなどの実だけでなく，石ころも砂も風も木も，そのすべてが子どもにとって，とても興味・関心をひくものであることにまちがいありません。

　またそういう子どもたちが，自分のまわりの自然に気づいたり，そのことによって季節を感じたりするためには，保育者のはたらきかけや援助は重要な役割を担ってきます。自然を題材とする場合，特別な準備物を用意しなくても遊べるという利点があると同時に，その分，保育者の指導力（配慮や言葉かけなど）が必要になります。

　ここで紹介する自然とふれ合って遊ぶ表現遊びでは，遊び方だけでなく，子どもたちに対して，どのような配慮が必要かということや，立案のためのアドバイスなども紹介しています。

　音楽遊びなど，ほかの活動と組み合わせて指導する工夫などもとりいれながら，自分自身の指導の方法を考えてみてください。

1 風と遊ぼう (指導案 p.88)

ねらい
- 風や空気に興味をもつ。
- 身近な材料で風船をつくって遊ぶ。
- 目に見えないものを「つかまえる」ことにより，想像を膨らませる。

対象年齢　3歳児以上

準備物
　スーパーの買い物袋

内容と遊び方
①買い物袋の口を広げて何度か空中で振り，袋がふくらむように空気を入れ，口を縛る。
②子どもたちに「今この中に何かをつかまえた」と伝え，何をつかまえたか考えるように質問する。
③「空気」などと子どもが答えたあと，空気や風は目には見えないけれど，袋に入れてつかまえることもできるし，下敷きなどで風を起こして実際に子どもたちに当て，このように感じることもできるということを伝える。そして木々がなぜ揺れているかなど，空気や風について子どもたちと話す。
④スーパーの袋や紙袋などそれぞれ子どもが選び，空気を袋に入れて自分たちで風船をつくる。
⑤風船をついたり飛ばしたりして遊ぶ。

指導上の留意点
簡単な記名のアイディア
　子どもがつくった買い物袋の風船ひとつひとつに記名するのは時間がかかり，子どもの活動を停止することになります。事前にタックシールに名前を記入しておき，活動中には作品に名前シールを貼りつけるだけにするとスムーズです。この方法はほかの製作物にも応用できます。

発展・応用
　風の強い日に保育室のベランダや戸口など，風の吹き抜ける場所に立ってみて，体に感じる風を楽しんでみましょう。頬を少し水で濡らしてみると，より風を感じやすく楽しくなります。

2 飛ばして遊ぼう

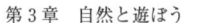

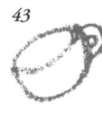

　身近な素材を用いて，風や空気の存在を感じながら遊びます。言葉かけや関わり方によって，子どもたちの想像性がふくらむようにしましょう。

ねらい
・風や空気に興味をもつ。
・風によって起こる現象に気づく。
・風を利用して楽しい遊びを見つける。

対象年齢　3歳児以上

パラシュート

準備物
　スーパーの買い物袋（ビニール袋）　タコ糸　セロハンテープ　粘土

つくり方(1)
①買い物袋の持ち手に同じ長さに切ったタコ糸2本を1本ずつセロハンテープでつける。
②持ち手につけた2本の糸の端と端を結び，そこに粘土でおもりをつける。
③すべり台やジャングルジムの上など，高さのあるところから投げると袋に空気が入り，フワフワと落ちてくる。

つくり方(2)
①ビニールを四角に切ったものの四隅に同じ長さの糸4本を1本ずつセロハンテープでつける。
②2本の糸の端と端を結び，そこに粘土で重りをつける。
③(1) と同様にして遊ぶ。

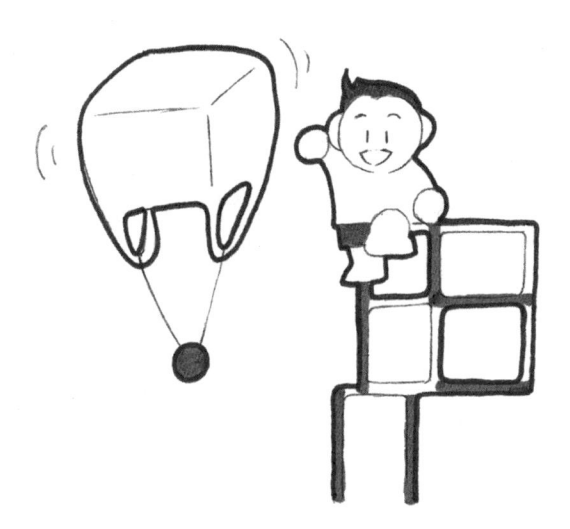

テープ落としプロペラ

準備物
　紙テープまたは細長く切った紙　クリップ

> つくり方

① 30cm程度に切ったテープを半分に折り，折り曲げた輪のほうにクリップをつける。
② テープの両端を輪に向かって半分のところに折り目をつけ羽のように開く。
③ 高さのあるところから落とすと，プロペラのようにクルクルと羽根を回して落ちる。

たこ糸の端に粘土でおもりをつける。
③ 高さのあるところから落とすと，クルクルと渦を巻きながら落ちる。

渦巻き落とし

> 準備物

画用紙　たこ糸　粘土

> つくり方

① 20cm四方の大きさの画用紙に渦巻きを描き，書いた線の上を切る。
② 切った渦巻きのまん中にたこ糸を貼りつけ，

> 発展・応用

・よく飛ぶ紙飛行機づくりへ
　折り方や紙質を選ぶことでスピードの出るもの，ふわふわ飛ぶもの，長く飛ぶものとさまざまに変化します。障害物をつくって飛ばしてみたり，距離や滞空時間を競いはじめると，子どもも夢中になり，楽しい活動が続きます。
・身近にある物を（危険のないもので）落とし比べてみましょう。
　どんぐりと木の葉，鳥の羽，紙やビニール等両手にひとつずつ持ってそっと手を離し，地面への落ち方を比べるのも楽しいでしょう。

3 砂粒の中の宝探し (指導案 p.89)

　砂粒は，ビーズくらいの大きさの小さな石の集まりですが，白っぽく見えるのは，石英（水晶の仲間）が多いからです。虫メガネで見るとよりはっきり見えるのですが，水晶のような透明なものや，白，茶色，ときには青みがかった色の粒が入っています。

　子どもたちは砂場遊びが大好きです。この活動は，身近な土や砂にふれ，砂粒の中に何があるかということをじっくり見て探索し，砂粒の成り立ちについてのイメージを広げる遊びです。

ねらい
・日ごろふれている砂をよく観察し，砂粒の成り立ちについて知る。
・砂が小さな粒子でできていることに興味・関心をもつ。

対象年齢　4歳児以上

内容と遊び方
①砂を指で一掴み手の上にとってじっくり見てみる。どういう粒が入っているかを友だちどうしで話し合ってみる。
②色や粒の形をよりはっきり見るために，白い紙の上に，ばらまいてじっくり見てみる。
③粒の形や色を拡大して見てみる。虫メガネで見ると，土や砂の中には，そのままで見るよりもさらにきれいな宝物が隠れていることを発見できる。
④粒を集めて，ビーズの貼り絵のように画用紙に貼り絵をする。

発展・応用
　きれいな砂粒を取り出してみよう。
①容器に大さじ1杯の土（あるいは砂）を入れて，水を容器半分くらい加えてかきまぜます。土のかたまりがある場合は，指などでつぶします。
②水をさらに加えて，しばらく（10～30秒くらい）待つと，砂粒が下に沈んできて，水の上の方は澄んできます。
③にごった水を捨てて，下にたまった砂粒は容器に残しておきます。
④②と③を何回かくりかえすと，不純物がなくなってきて，きれいな砂粒ばかりになってきます。
⑤紙や机の上など平らなところに出して乾かすと，不純物のなくなったきれいな砂粒が出てきます。

> ♪ ワンポイントアドバイス

土や砂に注目することの意味

　幼児にとって土や砂はとても身近なもので，砂場で山をつくったり，泥だんごをつくったりして砂に関わるだけでなく，色が黒くて植物のたくさん生えている場所にある砂（＝これを土といいます）なども遊びの題材になります。

　光る泥だんごをつくるときには，最終的に粉のように粒の細かい砂が必要になってきます。このように砂は，何かの目的のための素材として使われることが多いのですが，実は砂粒がどのようなものなのかということは意外に知らないものなのです。

　砂粒の場合は，そのままでもよいのですが，植物がたくさん生えているようなところの土の中には小さな虫や枯れて小さくなった葉っぱがたくさん入っています。そこで，土の場合には洗って，砂だけを取り出したほうが，この活動ではよいでしょう。しかし発展として，土の中に隠れている小さな生き物や葉っぱに気づくというのも自然に対する感性を育くむにはよいでしょう。

4 木の葉を集めよう

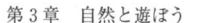

子どもたちと公園などにお散歩に出かけた時に，木の葉集めをすることがよくあります。自分たちで集めてきた木の葉を使ってさまざまな製作遊びをしたり，それを用いて表現遊びをしたりすることができます。ここでは集めてきた木の葉を用いた遊びの発展をいくつか紹介します。

魚つりごっこ

ねらい
・園庭や公園に散歩に出かけ，秋の自然にふれ，興味・関心を深める。
・友だちと魚の特徴を話し合ったりしながら，魚の絵を描きイメージをわかせる。
・遊びに使うものを友だちといっしょにつくり，達成感を味わう。

対象年齢 4歳児以上

準備物
木の葉（1人10枚程度） 小枝（1本） 油性ペン 紐（3本） セロハンテープ 青いビニールシート

つくり方と遊び方
①公園などに出かけて，木の葉を集めてくる。
②集めた木の葉に自分で好きな魚（ヒトデやイカなども）の絵を描く。
③3本の紐を三つ編みにする。
④小枝に三つ編みにしたひもをつけて，つり竿をつくり，先端にセロハンテープを付ける。
⑤海に見立てたビニールシートに，描いた魚を放流する。
⑥魚つりをして遊ぶ。

指導上の留意点
・散歩に出かける時は，車に気をつけ，交通ルールを守るように伝えましょう。
・もしも落ち葉が思うように集まらない時のために，あらかじめ集めておいて準備しておきましょう。
・木の葉にはいろいろな大きさや形があることに気づかせながら集めるようにしましょう。
・小枝で目を刺したりしないように注意をうながしましょう。
・三つ編みが苦手な子どもに対しては，全てつくるのではなく，励ましの言葉をかけながら，なるべく自分でできるようにうながしましょう。
・セロハンテープのつけ方など，工夫している子どもを認め，ほめてあげましょう。
・魚つりをする場合には，机や椅子などを片付けて広いスペースを確保しておきます。
・想像力が膨らむように，「大きな海にきたよ」，

「たくさん魚を釣ろうね」などと声かけしましょう。
・トラブルが生じた場合には、「どうしたらよいか」を子どもたちといっしょに考えるようにしましょう。
・遊びに入れない子どもがいた場合には、「先生といっしょに釣ってみよう」などと声をかけましょう。
・保育者もいっしょに遊びに参加し、楽しさを伝え合いましょう。
・一人一人の子どもが十分に満足するように、時間にゆとりを持たせましょう。

魚つりごっこ（美作大学児童学科学生による）

絵あわせ遊び

ねらい
・秋の自然物を使って遊ぶ楽しさを味わう。
・かたち、色のちがいに気づく。
・友だちと関わりながら、きまりを守って遊ぶ。
・どんぐりなどの数を数えながら、数字に興味をもつ。

対象年齢 4歳児以上

準備物
　木の葉　木の実　小枝　油性ペン

つくり方と遊び方
①散歩に出かけ、木の葉、小枝、木の実など、秋の自然物を集める。
②2枚ずつ葉っぱを探し、同じ動物の絵を描く。
③全員が描き終えたら、裏返しにして絵あわせをする。

④この中に，何も描いていない葉も混ぜておく。
⑤当たったら，どんぐりなどの木の実を2つもらえる。何も描いていない木の葉をめくったら，木の実を1つ返す。

指導上の留意点

・絵あわせ遊びをどうやって遊ぶのかを問い，話し合いをしながら決めるようにしましょう。
・順番を守るように，そのつど声をかけましょう。
・トラブルが生じた場合には，どうしたらよいかをグループで考えるようにしましょう。
・木の実を保育者もいっしょに数えながら，遊びの中で数に興味や関心がもてるようにしましょう。

絵あわせ遊び（美作大学児童学科学生による）

木の葉遊びの発展と応用

　木の葉はいろいろな見立て遊びに使用することができます。ほかの素材（折り紙や画用紙など）と組み合わせ貼り絵にして遊んだり，木の葉のお金に見立てたり，それできれいなアクセサリーをつくってお買い物ごっこをしたりというように，また，葉っぱを用いて模造紙に魚とりや果物などの形をつくり，それが何に見えるかの当てっこゲームをしたりというように，子どもたちが遊びの中で，葉っぱからさまざ

なものを豊かにイメージし，自ら工夫して使え
るようなはたらきかけをしましょう。

貼り絵（美作大学児童学科学生による）

第3章　自然と遊ぼう　51

お買い物ごっこ（美作大学児童学科学生による）

5 石を使って遊ぼう

川原へ行って子どもたちといっしょに石を集め、それを用いて遊びへと発展させてみましょう。石にはそれぞれに色、形、大きさ、模様などにちがいがあります。そのようなことに気づき、そこからイメージを広げていって、表現遊びへとつなげてみましょう。

川原へ行ってみよう

自分の気に入った石を拾って集め、手ざわりを楽しんだり、川に投げてみて遊んだりしてみましょう。そしてどんな遊びをしたか、どのようなことを感じたかなど、思ったことや考えたことを話し合ってみましょう。また川原で拾ってきた石を友だちとながめたり、さわったりして、イメージを広げていきましょう。

石を積む

自分で拾ってきた石や、友だちの石を全部集めて積んでみましょう。順番に工夫が必要ですね。

石の濃さや大きさの順に並べてみる

　石にもさまざまな形があったり，色のちがいがあります。そのような点に気づき，考えながら「順番に並べる」方法を考えます。黒い色に近い石からだんだん白い色に近い石の順番に並べてみたりします。似た石があって，どちらが「濃い」のか，あるいはどちらが「大きいか」などわからないときは，友達と相談して決めるようにしましょう。

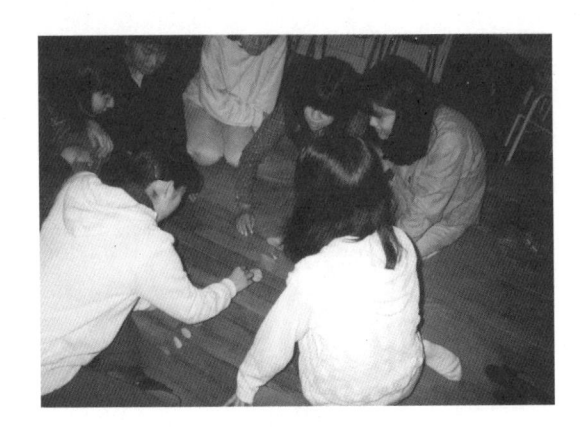

石の重さの順に並べてみる

ねらい
　重さのちがいに気づくためには，どうしたらよいのか考えを工夫する

対象年齢　3歳児以上

内容と遊び方
①見た目の大きさに並べてみる。
②片手ずつに石を持ち，重い順に変えていく。
③同じような石があれば，両手を開き，もう1人に石を落としてもらい，感覚で思い順を決めていく。

指導上の留意点
・石を比べるとき，長時間持っていると，手の感覚が狂うことがあるので，注意しましょう。
・石の重さを比べるために，石を落としてもらうときは，10cm程度上から離すように落とすとよいでしょう。

石で家族ごっこをしよう

ねらい
　石の大きさ，濃さなどの特徴に気づき，石を家族に見立てて，ごっこ遊びを楽しむ。

対象年齢　3歳児以上

内容と遊び方
①好きな石を選び，人物を決める（例：大きくて黒い石＝お父さん。小さくて白い石＝赤ちゃんなど）
②役割分担が決まったら，ごっこ遊びをする。

指導上の留意点
・ごっこ遊びが楽しく発展するように，保育者もいっしょに参加し，言葉をかけましょう。

- 石を投げたり，当てたりして危険がある場合には，どうしていけないのか，どうしたらよいかに気づく働きかけをしましょう。

石を使って音遊びをしよう

ねらい
- 友だちとタイミングを合わせて，石と石がぶつかり合う音を楽しむ。
- 自ら手に持ち，長さのちがう振り子にうまく合わすように工夫する。
- 自ら手に持ち，何回石を鳴らすことができるのか友だちと競い合う。

対象年齢 4歳児以上
準備物
　石　木の枝　たこ糸
内容と遊び方
①拾ってきた木の枝に，たこ糸で石をくくる。
②できあがった振り子で遊ぶ。

友だちと当て合いっこをする（美作大学児童学科学生による）

ひとりで当ててみる（美作大学児童学科学生による）

指導上の留意点

・振りすぎて石が飛んでしまうと危険です。子どもたちにケガをさせると責任を問われることになります。セロハンテープなどで補強するとともに，安全面に十分配慮した言葉かけや関わりを心がけましょう。
・振り子をつくるときは，できるだけ子ども自身でつくるよう励まし，できないところを援助するようにしましょう。
・石を投げたり，当てたりするなど，危険な行動が見受けられたときは，注意をし，どうしていけないのか，どうしたらよいかを考えられるような働きかけをしましょう。
・枝から石が飛んだりしないようにしっかりと結びつけるように言葉をかけましょう。
・遊ぶときは，友だちと距離をあけ，身体に石が当たらないように注意をうながしましょう。
・「耳をすましてごらん」，「どんな音が聞こえてきたかな」など，よく音を聞くよう言葉かけしましょう。
・保育者もいっしょになって楽しむことで，その場の雰囲気を盛り上げるようにしましょう。

発展・応用

振り子を楽器に見立てて，歌に合わせて石を打ってみましょう。その際に，石の音が効果的に活かせる歌を選ぶようにしましょう（例：「とけいのうた」，「ありさんのおはなし」など）

第4章

手作りシアターで遊ぼう

　実習中には，実習生の歓送迎会を催してくださることがあります。また遠足やお誕生日会などの行事などもあります。そしてそのような場以外の普段の保育のなかでも，実習生が子どもたちのために，何か出し物をする場面というのが設定されることがあります。

　ときには「明日の集まりのときに，何かやってちょうだい」と，急にいわれることもあります。そのようなときに「何もすることがない」となれば，大あわてしなくてはいけませんね。逆に，何かできることがあると，安心して実習にのぞめるだけでなく，実習全体への意欲が高まったり，自信へとつながります。

　ここでは，一般的によくされているエプロンシアター，パネルシアター，ペープサート以外にも，スケッチブックを使った絵話とその応用編や，そのほかの身近ですぐに手に入れられる材料でつくった簡単シアターを紹介します。

　できるだけたくさんの準備をして実習にのぞみ，子どもたちにたくさんの楽しいお話をしてあげてください。

「不思議なポケット」を歌いながら

1 エプロンシアター

　日常よく目にしているエプロンからさまざまなお話が飛び出す醍醐味は，子どもたちにとって親しみやすさと驚きの連続で興味がつきません。作成には根気が必要ですが，実際に子どもたちの前で演じてみると，「がんばってつくってよかった！」と思うはずです。

　上手，下手ではなく，「自分でつくった」という気持ちがもつ威力は自信につながります。就職してからつくろうと思ってもなかなかできないのが現実です。学生時代を有意義に活用して，大好きな絵本をエプロンシアターにしてみましょう。

準備物

　市販のエプロン（薄い布地では小物の重みに耐えられません。少々厚手の布地を選びましょう）
　ハギレ（任意）　フエルト（任意）　マジックテープ（エプロンや人形等の色に合わせて数色あると便利）　裁縫道具一式　刺繍糸（任意）ほかに，木工用ボンドやスナップボタンもあると便利です。

基本のつくり方

①エプロンは無地でなくてもつくれます。既成のエプロンは，本来の目的のために使いやすい位置にポケットがあり，シアターで使用する際にはほどいて位置を直さなければなりません。

②人形は最低でも縦15cm横10cm程度の大きさであれば，子どもが見やすいでしょう。

③人形の「目」について。
　シール式の「動眼」は，簡単にはずれてしまいます。小さな部品ですので，子どもが飲み込んでしまってはたいへんです。縫いつけられる「動眼」を選ぶか，フエルトを縫い込んだり，アウトラインステッチで刺繍したりするとよいでしょう。

効果的な演出

　しっかり前を向いて立つことを意識しましょう。素話が基本なので，まずはお話がきちんと伝えられるように練習したうえで，人形の扱い，場面展開を覚えていくとスムーズに進めることができます。

　人形は軽く指先で持ち，握りしめて隠さないようにします。

　人形を提示するときは，観客側に向けて腕をのばし，キャラクターをしっかり見せるようにしましょう。左右の人にも見えるように気を配ってください。

　人形をエプロンに取り付けるときは，不必要に叩いたり押さえたりしないで，つけたらすぐに手を離すよう心がけて下さい（動きそのもの

に意味があるかのように誤解されてしまいます）。

学生によるエプロンシアター製作（高崎健康福祉大学短期大学部児童福祉学科）

本を参考にしてつくりました

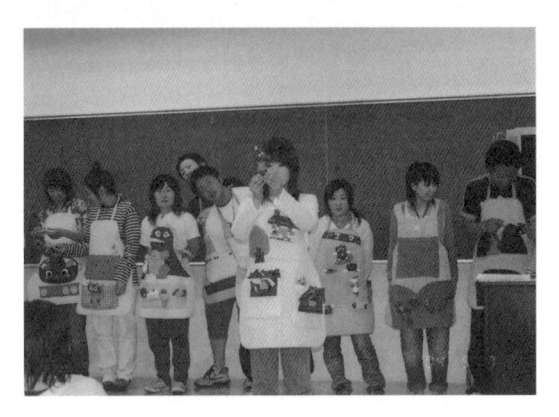

授業のなかで発表します

男子だってがんばったよ！
（かぶの中には車の日よけワイパーの芯が入っていて，
小さなポケットから出てきて大きく広がるように工夫されています）

2 パネルシアター

絵人形がパネル布にくっつく不思議さが魅力です。画用紙に絵を描く要領で簡単に製作できます。

広い画面で大きく場面展開できるのも子どもの興味をひきます。ストーリー性のある童謡などを題材にして、歌いながら演じるのもおもしろいでしょう。

ここではパネルシアター（白）の紹介をします。

準備物

白色のPペーパーⓈ（話の内容によって必要枚数は変わるが，10枚前後）　白色のパネル布（1枚）　油性の黒マジック（1本）　水溶性の絵の具　筆　パレット　水入れ

「しかけ」をつくる際には縫い糸やガーゼ，木工用ボンドがあると便利です。

※できあがり作品の扱いについて

Pペーパーは一度折り目がついてしまうとアイロンをかけても元に戻りません。大きめの封筒に厚紙を入れて保存しておきましょう。厚紙に脚本を貼っておくと便利です。

基本のつくり方

①白色のPペーパーに下絵を油性マジックの黒で写す。（Pペーパーは薄い素材なので下絵は透けて見える）

②水溶性の絵の具で着色する。不透明絵の具で必要以上に重ね塗りをするとパネル布につきにくくなるので気をつけましょう。

③絵の具が乾いたら，できるだけ角や細い部分ができないよう大きめにパーツを切り抜く。部品を単独で見ると白くはみ出した部分が気になりますが，パネル布も白色なので貼りつけると目立ちません。

効果的な演出

絵人形等の部品は大きめのお菓子の箱等に入れて準備しておきましょう。部品をそのまま子どもたちの目につく場所に置いてお話をすすめると，部品の方が気になって集中しにくくなります。

脚本は必ず覚えてから演じるようにしてください。絵人形等は貼る前に必ず観客に近づけて見せるようにしましょう。左右の観客にも気を配ることを忘れずに。貼った絵人形にはあまりふれずに，貼ったらすぐに画面がよく見えるように演者は画面横に移動して下さい。

気を抜くとついつい画面を見ながら話をしてしまうので，場面を構成したら画面横に立って観客を見て話をするくせをつけましょう。

紙人形はできるだけ細い箇所がないように大きめに切る。

絵人形は箱に入れて使用する。

3 ペープサート

　ペープサートはうちわの形状に似た絵人形を複数枚用意して演出する舞台劇で，ストーリー性のあるものは3名前後で協力して演じると，演じる側も観客も充実して楽しめます。

　舞台を設置すると特別な雰囲気が漂うので，異年齢を対象とした集まりで効果的に使用されています。

準備物

　八つ切りの画用紙（話の内容によって必要枚数は変わるが，20枚前後）　わりばし（必要数）　油性の黒マジック（1本）　水溶性の絵の具　筆　パレット　水入れ　木工用ボンド
※できあがり作品の扱いについて

　わりばしは一度抜けてしまうと修復がとても難しくなります。取り扱いはボンドが完全に乾いてから行なうようにしてください。

　また，強い力がかかると簡単に壊れてしまうので，たいせつに持ち運びするようにしましょう。

基本のつくり方

①八つ切りの画用紙に絵を描く。遠目に見たときにはっきりと形がわかるように油性の黒マジックで描画に縁どりをしておくと効果的です。

②わりばし2本を軸にして木工用ボンドで表裏うちわのように貼りあわせます。このとき，絵人形の中心を押さえすぎると，絵の具がにじんで汚れてしまうので注意して下さい。

③ボンドが完全に乾いたら描画がバランスよく入るように楕円形に切り抜きます。
　絵人形の型通りに切ったり，角が目立つような切り方は，せっかく描いた絵が目立たない印象となりますので気をつけて下さい。

効果的な演出

・絵人形はすべて，舞台部分から常にわりばしが2cmほど見える高さに保ちます。

・話をしている絵人形だけが軽く左右に揺れるようにすると，見ている側は理解しやすくなります。

・絵人形が歩く動作をするときはスケート走法，走る動作をするときはジグザグ走法を心がけましょう。

・演じ手が完全に舞台に隠れた状態で演出する場合は，声がこもりがちになるので，上のほうを向いて一番うしろの観客を意識しながら発声するとお話がよく伝わります。また，舞台から観客の様子がまったく見えない状態が不安であれば，導入役の人が合間合間で直接観客に問いかけられるよう脚本を組み直し，様子を伺うようにするとよいでしょう。

・複数の人間で演出するので，物語の展開がス

第 4 章　手づくりシアターで遊ぼう　63

ムーズにできるよう読み合わせをしっかりしたうえで動きをつけていくように努めて下さい。

＊ペープサートで演じるお話「さっとんぱ」の脚本と型紙を付録に掲載しています。

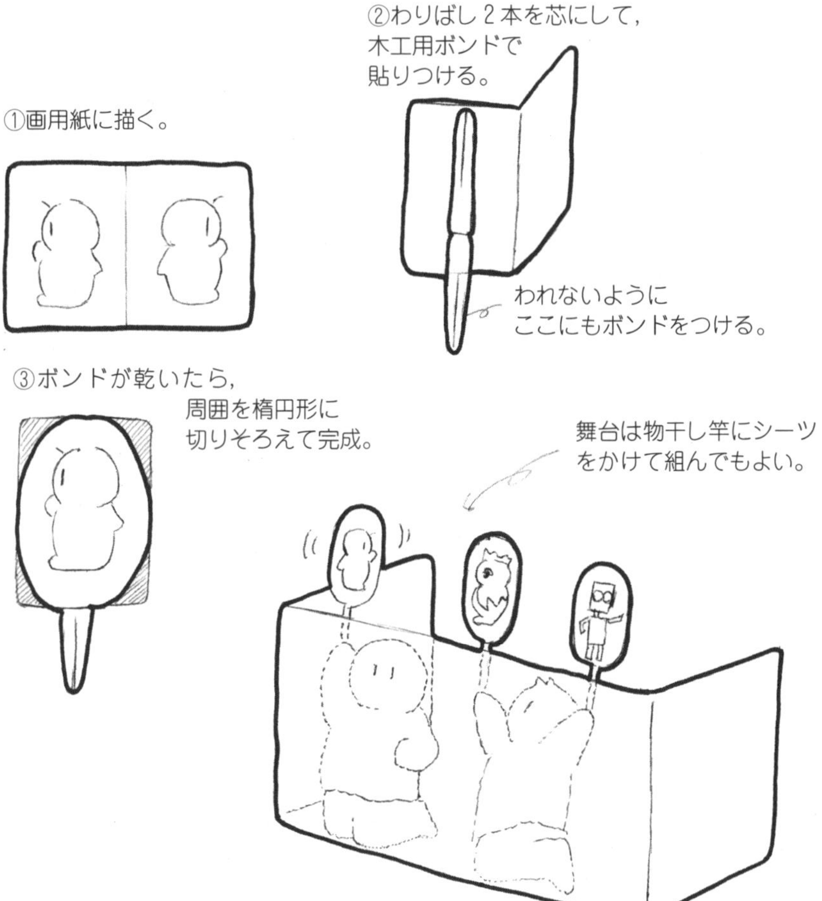

①画用紙に描く。

②わりばし2本を芯にして，木工用ボンドで貼りつける。

われないようにここにもボンドをつける。

③ボンドが乾いたら，周囲を楕円形に切りそろえて完成。

舞台は物干し竿にシーツをかけて組んでもよい。

◎スケート走法（歩く動作）

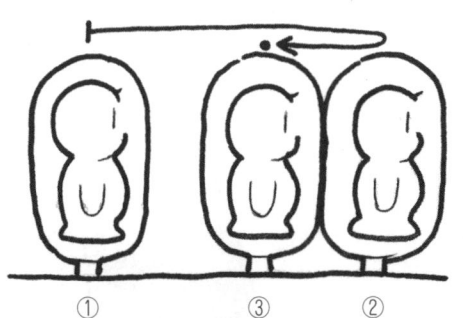

①　③　②

「1歩進んで半歩下がる」をくり返してすすめる。

◎ジグザグ走法（走る動作）

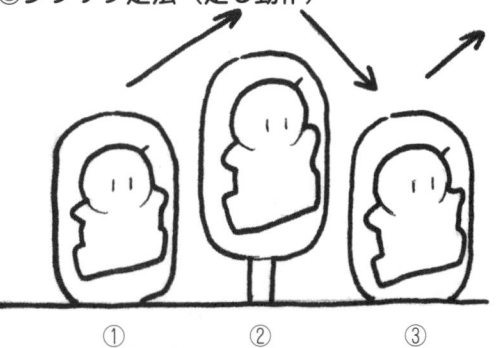

①　②　③

上下に動かしながらすすめていく。

スケッチブックの絵話

絵話はスケッチブックに描いた紙芝居です。らせん状になった「カン」でページがつながっているので，さまざまなしかけを盛り込むこともできます。オリジナリティあふれる自作はもちろん，馴染みのある絵本・物語を元につくっても，子どもたちの興味は広がるでしょう。

準備物

B4サイズのスケッチブック　油性の黒マジック（1本）　水溶性の絵の具　筆　パレット　水入れ　木工用ボンド

「しかけ」として，縫い糸やフエルト，手芸綿などがあると創作に幅が出ます。

基本のつくり方

①紙芝居と同じ要領で，表に絵を描き，その裏面になるページに脚本を書く。

②同じキャラクターが定位置にいて，周囲の様子だけが変化する場合は，キャラクターの部分を切り抜いたページをつくると何度も同じキャラクターを描かなくてすみます。

③1つのページをくり返し使用する場合は，そのページの横にタックシールを貼っておくと簡単に探すことができます。

④「カン」でつながっているので，ページを縦半分に切り，左右別々に展開させることもできます。

効果的な演出

・基本の読み方は紙芝居と同じ要領になります。
・物語は，じっくり間を取りながら進める場面と，素早く展開させる場面など，全体に流れる言葉の波が子どもの興味をかきたてます。自分なりに工夫して，効果的な読み方，見せ方を心がけましょう。
・簡単な飛び出す絵本の形式を活用するのも効果的です。
・脚本が読み手側に書いてあるので，ついつい読むことに集中してしまいがちです。ページをめくる際には子どもの反応をうかがう余裕をもつようにしましょう。視線を投げかけるだけでも子どもは安心して物語についていくことができます。

絵本よりも簡単に楽しいしかけを盛り込むことができます。

5 クイズ「動物園へ行こう」

　スケッチブックを使って絵話をするだけでなく，歌を歌いながら子どもたちに「何の動物か」とあててもらうクイズを紹介します。
　原曲は，Tom Paxton 作曲の「動物園へ行こう」を使用します。日本では，海野洋司作詞の「動物園へ行こうよ　みんなで行こうよ　動物園は zoo っていうんだ　さぁ行こう……」という歌詞が有名ですが，ここではクイズにするために，歌詞をかえ，さらにメロディも子どもとやりとりできるようにアレンジしています。

つくり方と遊び方

　準備物やつくり方は，絵話と同じです。スケッチブックの最初のページには「動物園へ行こう」と書きます。動物園の門などを描いてもよいでしょう。ここで紹介する動物はきりん，さる，ペンギン，ウサギ，パンダ，ライオンですが，オリジナルのものをつくってもいいですね。
　それぞれの動物の絵を描きますが，その前のページは「？」で隠しておきます。そしてそのページの一部を切り取って，次のページの動物の一部分が見えるようにしておきます。
　子どもたちの前で演じるときは，1番は最初の「動物園へ行こう」と描いてあるページを見せます。
　2番からはそれぞれの動物の特徴を歌うのですが，最初は「？」のページを見せ，歌の途中で一部切り取っているところをめくります。そして「はてはて何でしょう？」というところで，歌うのをやめ，子どもたちからの答えを聞きます。
　みんなが口々に正解をいうと，それに対して演者は，「では正解をみんなで声をそろえていいましょう」と言葉をかけ，「せーのー」の合図をかけます。子どもたちが一斉に「きりん！」などと答えると，「？」のページをめくって，動物が見えるページを示します。
　「あ，きりんさんだったね。正解！」という言葉をきっかけとして，続きを歌っていきます。間奏の部分で，「さぁ，次は何の動物が出てくるかな」などと言葉をかけて，また次の「？」のページをめくる，という順序で進めていきましょう。子どもたちと対話をしながら，そして十分に子どもたちの言葉を聞いて，いっしょに楽しむという演じ方が効果的です。切り抜く部分では，答えがすぐにわかるようにしておいてもかまわないでしょう。

発展・応用

　子どもたちが気に入れば，くり返し何度でも遊んであげましょう。演じ方のコツがわかると，子どもたちのなかから「クイズ用の歌」が出てくるかもしれません。そのときはお絵かきをし

て，特徴を自分で言葉にできるよう援助しながら，子どもオリジナルの「クイズ・動物園へ行こう」をつくっても楽しいですね。

　また実習などで演じるとき，実習生が複数いたり，担任の先生がピアノを弾いて下さったりする場合は，ピアノ伴奏付で歌ってもよいですが，もし1人で演じる場合に，伴奏なしでも十分にできます。子どもたちに手拍子をお願いするなどして，いっしょに楽しむ工夫をしてみましょう。

はてはて何でしょう？
（スケッチブックの一部を切り取って
ヒントを見せる）

次をめくると正解がわかります！

クイズ「動物園へ行こう」歌詞

1　動物園へ行こうよ　みんなで行こうよ
　　動物園は楽しい　いっしょに行こう
　＊さぁ行こうよ動物園　君もどうだい？
　　いっしょに行こうよ　動物園へ行こうよ

2　長い長い首をのばして　高いところの木の葉を食べる
　　背い高のっぽの足長おじさん　はてはて何でしょう（キリン）
　　（解答が出てから）＊

3　真っ赤なお尻と真っ赤なお顔　木から木へとすいすい移る
　　バナナが大好き　食べられちゃうぞ　はてはて何でしょう
　　（サル）
　　（解答が出てから）＊

4　黒い服着てヨチヨチ歩く　水の中ではスイスイ泳ぐ
　　夏が苦手で氷が大好き　はてはて何でしょう（ペンギン）
　　（解答が出てから）＊

5　ピンクのおめめに長いお耳　草や人参パクパク食べる
　　かわいいしっぽがピョンピョン揺れてる　はてはて何でしょう（ウサギ）
　　（解答が出てから）＊

6　おめめのまわりとお耳が黒くて　大きな体でのしのし歩く
　　笹の葉大好き　ちょっぴりお茶目　はてはて何でしょう
　　（パンダ）
　　（解答が出てから）＊

7　りっぱなたてがみフサフサしてる　大きな声でガオーってほえる
　　動物たちの王様だよ　はてはて何でしょう（ライオン）
　　（解答が出てから）＊

注：クイズ「動物園へ行こう」（原曲 Tom Paxton）は，コンガ奏者古谷哲也氏考案のものに，岡本拡子がさらに歌詞と演出のアレンジを加えました。

クイズ「動物園へ行こう」譜

1. どうぶつえんへ いこうよ みんなで いこうよ
2. なーがいながい くびをのばして たかいところの 木の葉を食べる

どうぶつえんは たのしい いっしょにいこう 1〜7. さぁいこうよ
背いたかのっぽの足 長おじさん はて はてなんでしょう

第4章 手づくりシアターで遊ぼう 69

どう ぶつ えん きみも どう だ い いっ しょに

い こう よ どう ぶつ えんへ い こう よ

6 手づくり人形

バハマ人形

スカート部分で切り替えて，人形の上半身ずつをつないだ人形です。表面と裏面でキャラクターを変えることができるので，合計4体の人形を組み込め，物語性のあるお話を演じることができます。

準備物

フエルト（任意）　ハギレ（任意）　裁縫道具一式　刺繍糸（任意）　木工用ボンド　手芸綿

基本のつくり方

胴体半分ずつをつなぐ際に「綿」を入れるのですが，できるだけきちんと詰め込んでおくと安定して操作できます。

フエルトでつくる名札と同じ要領でできるので，製作にはそれほど時間はかかりません。

効果的な演出

子どもにとってはマジックを見るような不思議さがあるので，できるだけ早変わりできるように工夫しましょう。ちがう人形に切り替える際は，うしろ手にまわしている間に操作を行なうと，子どもの驚きと興味をひくことができます。

人形は軽く指先で持ち，人形を握りしめて隠してしまわないように気をつけましょう。また，素話が基本ですので，無意味に動かさないほうが見やすく，物語に集中できるでしょう。

バハマ人形でつくった赤ずきんちゃんのキャラクター
（ひとつで4体の人形を組み入れることができます）

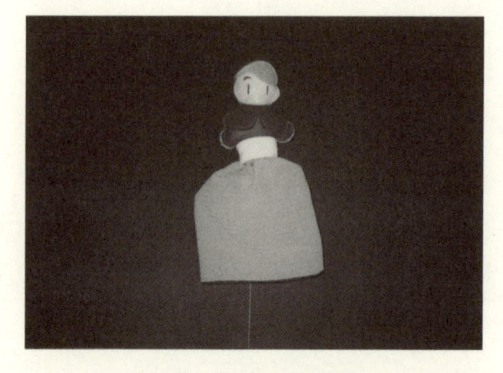

赤ずきんちゃんの人形　　　　　赤ずきんちゃんの裏にはおばあさんの人形

第4章 手づくりシアターで遊ぼう　71

赤ずきんちゃんのスカート部分をめくると
オオカミが出てきます

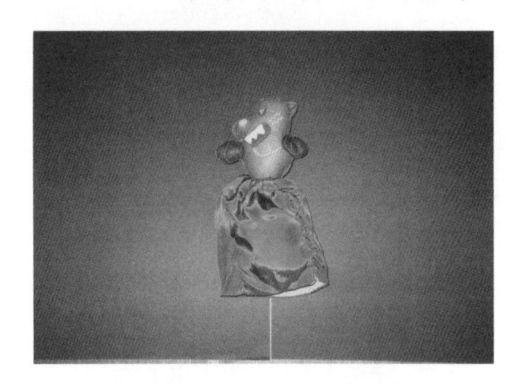

その裏にはオオカミの別の表情

ソックス人形

　靴下をベースにしたとてもシンプルな人形です。たくさんつくっておいて，子どもも参加できる遊びへと展開するのもよいでしょう。

準備物

　靴下（片足分）　段ボール（任意）　フエルト（任意）　裁縫道具一式　刺繡糸（任意）　ほかに，木工用ボンドとピン球もあると便利です。

基本のつくり方

　「目」を縫うのが一番たいへんな作業です。固いピン球を使う場合は「キリ」で穴を開けてから縫い込むようにしましょう。

効果的な演出

　腹話術のように演じるとおもしろいでしょう。また，人形劇のように，演者が舞台に隠れるような出し物で，司会役として登場させると効果的です。

　手の動きそのものが人形の動きとなるので，簡単に細やかで個性的なキャラクターをつくることができます。

ソックス人形でつくったヘビの人形

ペットボトル人形

　人形がペットボトルに隠れたり出たり，意表をついた動きに子どもたちは大喜びするでしょう。

　一見，作成に時間がかかりそうですが，あまり縫い物が得意でない人でも，意外に簡単につくれます。

準備物

　350mlのペットボトル（1本）　わりばし（2膳）　ハギレ（任意）　ストッキング（任意）　ガーゼ　たこ糸（任意）　裁縫道具一式　刺繡糸（任意）　ビニールテープ　ほかに，フエルトや木工用ボンドもあると便利です。

基本のつくり方

帽子を縫うのが一番難しい作業です。しかし，本返し縫いさえきちんとできればうまくつくれるでしょう。

効果的な演出

たんに人形を出し入れするだけでは表現が豊かになりません。ゆっくりもじもじしたように出すだけでもその人形に個性が出ます。自己紹介の際に子どもたちに名前を呼んでもらい，子どもとかけ合いながらすすめてみるとおもしろいでしょう。

そのほか，形状のおもしろさから，かくれんぼのきっかけづくりにもなります。

ソックス人形と同じように単独のキャラクターとして，棒を巧みに操ると不思議な世界が広がります。

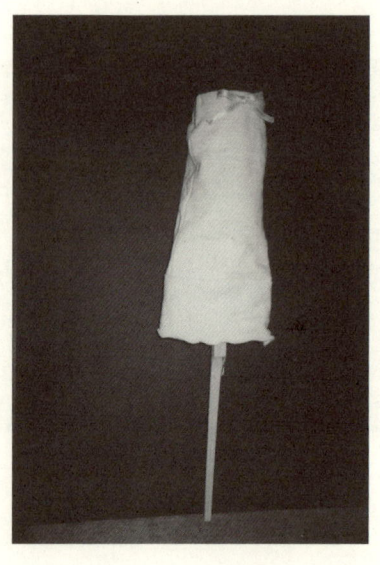

ペットボトルのなかに人形が隠れています

わりばしで人形を押し出すと
かわいい顔が飛び出します

新聞人形

新聞を使った楽しいお話の終わりには，平面の人形が出てきてびっくりします。

準備物

新聞紙（見開き1枚） B5サイズのコピー用紙（4枚） 油性マジック（黒） セロハンテープ 水溶性の絵の具 筆 パレット水入れ

基本のつくり方

必ず型紙の寸法を守って作成して下さい。顔や手足は小さく折り畳んでセットするので，作成にはコピー用の紙等を選ぶようにしましょう。

効果的な演出

新聞を折ったり破いたりしながらの演出なので，素話をきちんと覚えておくようにしましょう。少し高めの椅子を用意し，横に小さな机があればより展開をスムーズに進めることができます。

マジックのようなネタがありますので，破るところは慎重に行なうようにして下さい。

＊新聞人形で演じる「ケンタの冒険」の脚本と型紙を付録に掲載しています。

第4章 手づくりシアターで遊ぼう 73

ソックス人形のつくり方

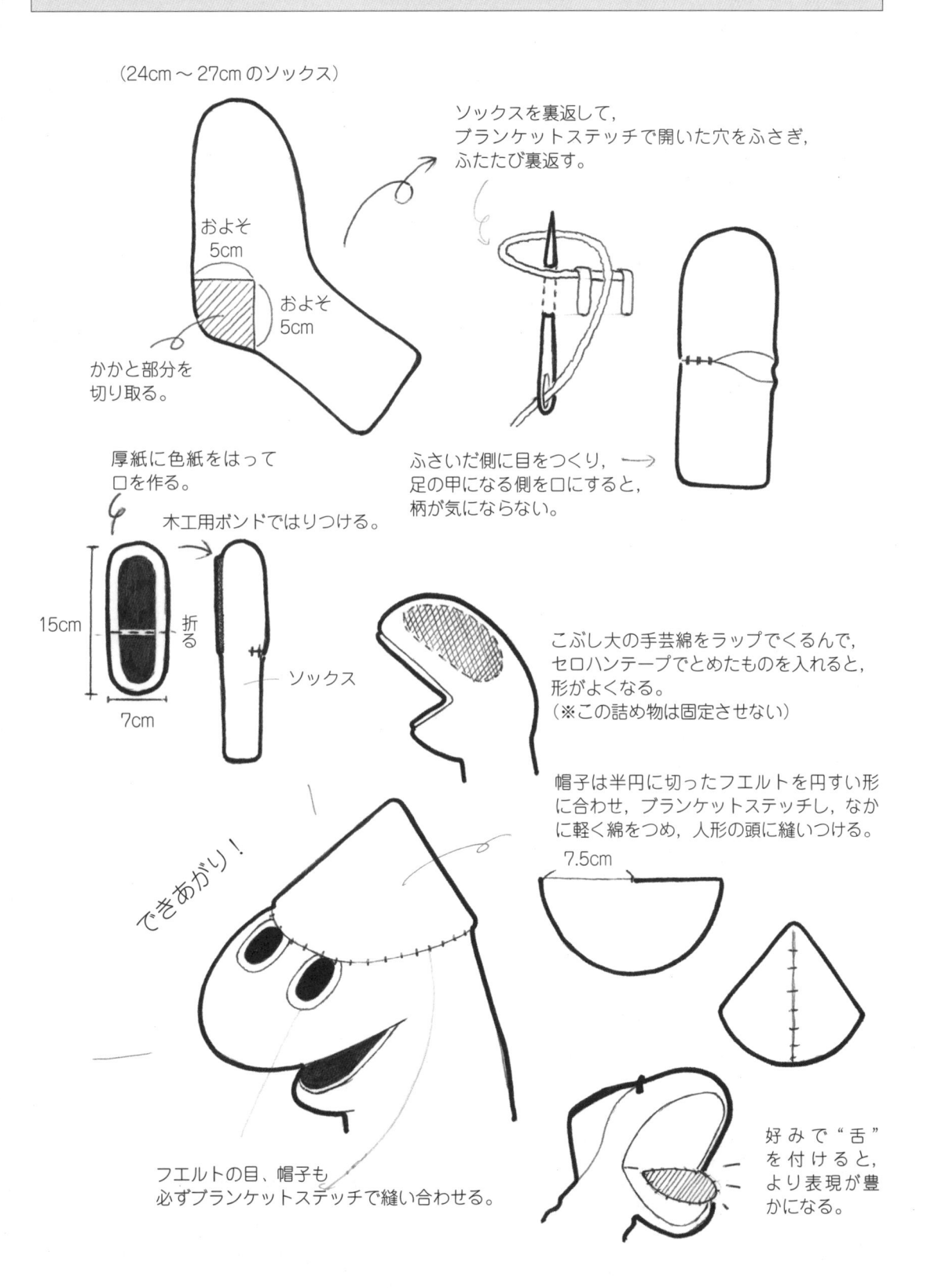

（24cm～27cmのソックス）

およそ5cm
およそ5cm

かかと部分を切り取る。

ソックスを裏返して，ブランケットステッチで開いた穴をふさぎ，ふたたび裏返す。

ふさいだ側に目をつくり，足の甲になる側を口にすると，柄が気にならない。

厚紙に色紙をはって口を作る。

木工用ボンドではりつける。

15cm
7cm
折る
ソックス

こぶし大の手芸綿をラップでくるんで，セロハンテープでとめたものを入れると，形がよくなる。
（※この詰め物は固定させない）

帽子は半円に切ったフエルトを円すい形に合わせ，ブランケットステッチし，なかに軽く綿をつめ，人形の頭に縫いつける。

7.5cm

できあがり！

フエルトの目，帽子も必ずブランケットステッチで縫い合わせる。

好みで"舌"を付けると，より表現が豊かになる。

ペットボトル人形のつくり方

● "頭"をつくろう！

①わりばしの割れている方に手芸綿をはさみ「芯」をつくる。木工用ボンドで軽くとめ、巻きつけるようにして固い「芯」をつくる。

②ガーゼに手芸綿を広げて乗せ、芯付きのわりばしをてるてるぼうずにする。

およそ10cm

たこ糸でしっかりくくる。

③これが"頭"になる。頭囲は11〜13cmくらいがよい。

④目の位置のくぼみとして、上下を二等分したところに、たこ糸を2回ほど回してくくる。

⑤ストッキングで皮膚をつくってかぶせる。2枚重ねて、図のように縫い、斜線部分を断つ。

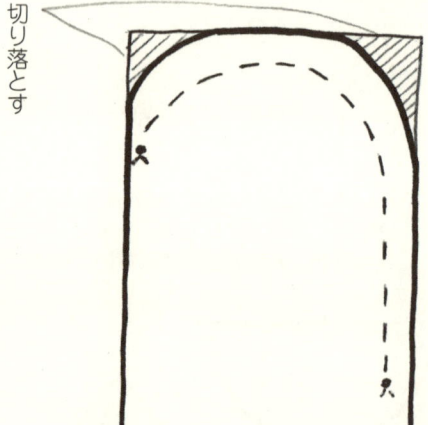

切り落とす

※原寸大

⑥縫ったストッキングの内と外をひっくり返して袋状にし、つくった頭部にかぶせる。

⑦あごの部分にしわが寄らないよう注意しながら、首元をふたたびたこ糸でしばる。

※ストッキングはとても薄い素材なので、同じ"袋"をさらにもう1枚つくってかぶせると、よりスマートなできあがりになる。

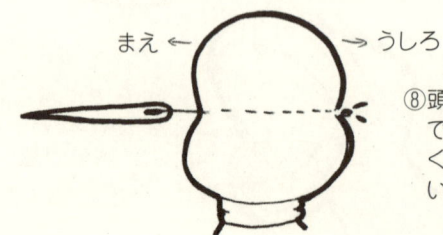

まえ ← → うしろ

⑧頭部からハリを通し、正面でフレンチノット。目をつくる。何回か重ねるとかわいらしくなる。

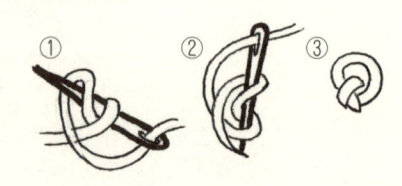

① ② ③

● "帽子"をつくろう！

　　→好きな色で縫う。

2cm×14cmのフエルトもしくは布を，目より少し上の位置で，木工用ボンドで貼りつける。

カット！

カットしたクツ下の切った側を波縫いし，ぐっとしぼってギャザーを寄せ，糸留めする。

フエルト，ストッキングごとざっくざっく縫いつけて，帽子の完成！

● "手"をつくろう！

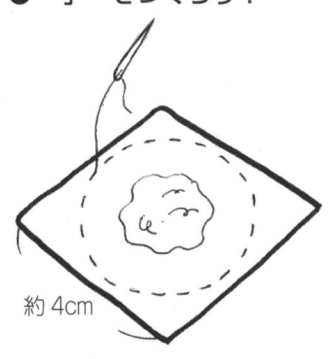

約4cm

2枚重ねたストッキング（約4cm四方）に丸く波縫いをする。中央に手芸綿を置いたら糸を強く引き，小さなてるてるぼうずのできあがり。

……これをもうひとつ作成し"手"が完成。

縫い糸をそのまま2〜3回巻いて糸留めしておくと，丈夫に仕上がる。

● "服"をつくろう！

※型紙をもとに服を縫う。

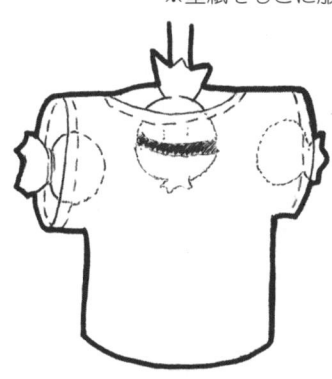

服は表裏ひっくりかえった状態で，頭と手をセッティング。おのおの首元，そで口を波縫いし，"手"と同じ要領で糸留めする。
……表裏をもとに戻すと

人形の完成！

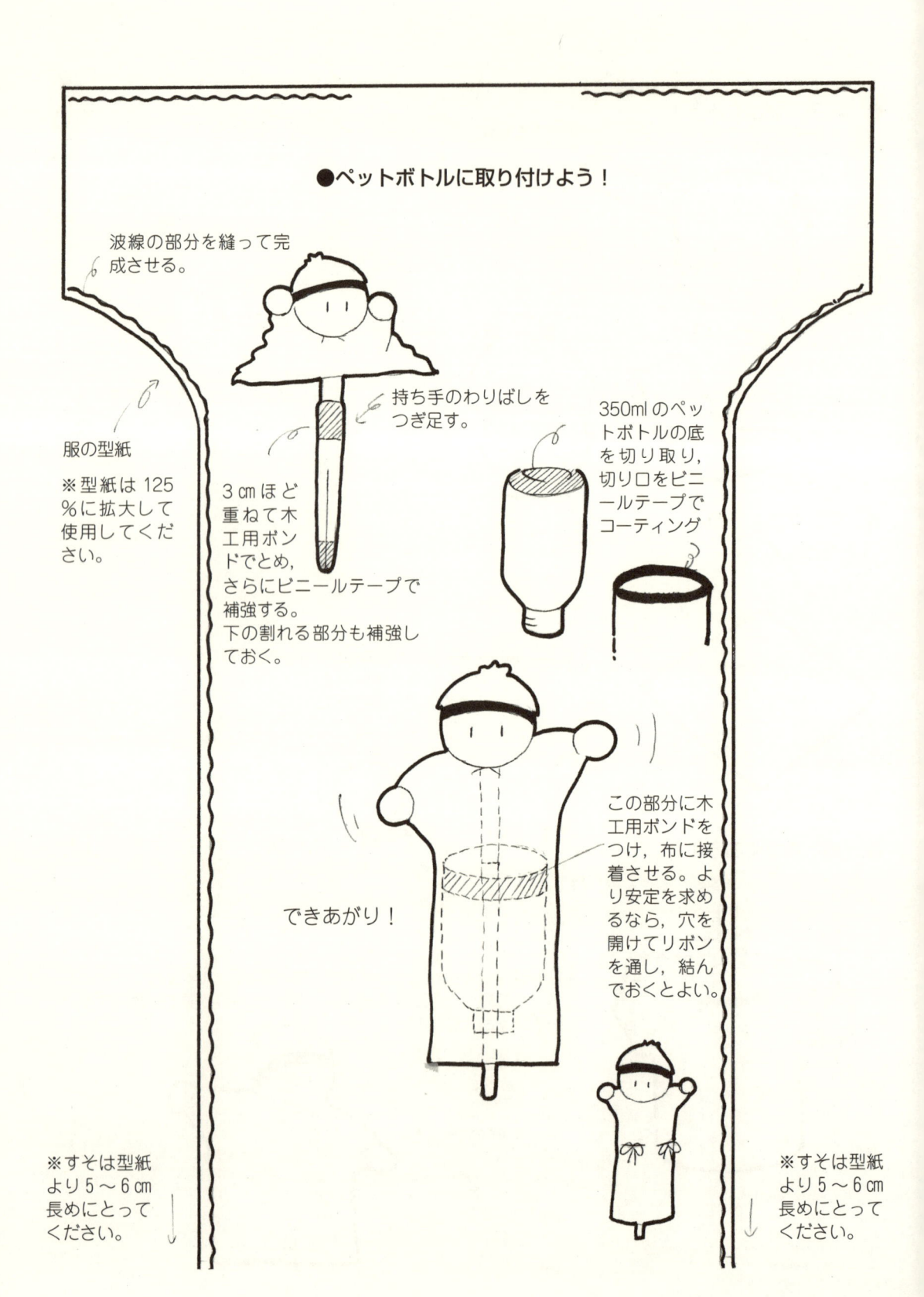

● ペットボトルに取り付けよう！

波線の部分を縫って完成させる。

持ち手のわりばしをつぎ足す。

3cmほど重ねて木工用ボンドでとめ，さらにビニールテープで補強する。下の割れる部分も補強しておく。

350mlのペットボトルの底を切り取り，切り口をビニールテープでコーティング

この部分に木工用ボンドをつけ，布に接着させる。より安定を求めるなら，穴を開けてリボンを通し，結んでおくとよい。

できあがり！

服の型紙
※型紙は125％に拡大して使用してください。

※すそは型紙より5〜6cm長めにとってください。

※すそは型紙より5〜6cm長めにとってください。

指導案　小麦粉粘土

指導者検印		○○年　6月　○日（○曜日）　　　天候　（○　雨天可）
		○○○組　　5歳児　　25名（男○名　女○名）

タイトル	小麦粉粘土をつくろう！		
子どもの姿	○新しいクラスに慣れ，安心して過ごせるようになってきた。 ○気の合う友だちが見つかり，いっしょに遊ぶのを楽しみに登園する。	ねらい	○小麦粉から粘土ができることを知る。 ○グループでつくるなかでスキンシップや協力してつくる楽しさを経験する。 ○小麦粉粘土の感触を楽しむ。

時　刻	環境構成	乳幼児の活動	保育者の配慮・援助
10:10〜	[配置図] ○実習生　子ども テーブル5台 戸　シート 説明の後，テーブルシートは広げる	○片付け，手洗いの終わった子どもは実習生の前に椅子を準備して半円形に座る。 ○実習生の話を聞く。	○片付けを援助しつつ，終わった子どもには手洗いの言葉がけをする。 ・子どもたちが座る場所の前に立ち，子どもが椅子を並べて座るのを見守り援助する。 ＊座る場所の取り合いなどのトラブルが起こったときは，子ども自身がどのように解決するとよいかを落ち着いて考えられるように，あせらずに言葉がけをする。または周囲の友だちの提案を聞いてみる。 ○小麦粉粘土を両手で包み隠し，子どもたちの前で「今日はとても楽しいものを持ってきたの」と子どもの期待がふくらむように少しずつ粘土を見せていく。 ○粘土を丸めたり伸ばしたりして遊ぶことができることを紹介する。
10:30〜	○実習生 戸 各テーブルの上にはトレイのみ置き，グループごとに準備した小麦粉・塩・油を実習生がトレイに入れ，水を子どもに手渡する。 [準備物] ・粘土板　各自1枚×25 ・ビニール袋　各自1枚×25 （個人名を書いたもの） ・ぬれ雑巾　適宜 [各グループごとに準備する物（5人分）] ・小麦粉　3 cup ・塩　1/4 cup ・油　小さじ3 ・水　3/4 cup ・大きめのトレイ（またはボール）1個 ・テーブルの上下に敷くシート ・手拭き用タオル　2本 [保育者が使用するための準備物] ・できあがった小麦粉粘土	○小麦粉粘土にふれてみる。 ○各自好みの席に座る。 ○小麦粉粘土をつくる。 ・トレイに水を少しずつ足して小麦粉をこねる。 ＊トレイの中で小麦粉の取り合いになる。 ＊小麦粉をトレイの外に持ち出す。 ＊手についた小麦粉を取ろうとしてふり回す。 ＊固まらずどろどろになる（水を入れ過ぎてしまう）。 ・耳たぶくらいの固さまでこねる。 ・手を洗う。粘土板を用意する。	○子どもたちに保育者が近づき，小麦粉粘土にふれられるようにする。 ○この粘土が食べ物（小麦粉）からできていること，簡単につくることができることを伝え，今からみんなでつくることを提案する。 ○楽しくつくるための約束をする。 　1．シートの上は滑りやすいので走らない 　2．小麦粉の付いた手で友だちの洋服屋や壁などを汚さないように気をつける ○1つのテーブルに5人ずつのグループになって座ることを説明する。席を見つけられていない子どもの援助やグループの人数を調整する。 ○小麦粉の入ったトレイに水を足してこねることで粘土ができることを説明する。水を一度にたくさん入れると固まらないので少しずつ足すことを注意して伝える。 ○床に水がこぼれた場合など滑りやすくなるのでこまめに拭くように気を付ける。 ＊粘土を見せながら，できあがりが楽しみになるように，そのために必要な態度を考えられるように伝える。 ＊トレイの中で両手を擦りあわせる方法を伝える。 ＊なぜ固まらないかいっしょに考え，予備の小麦粉を足す。 ○トレイから取り出し（トレイ回収），軽く小麦粉をはたいて子どもの人数分に切り分ける。

時　刻	環境構成	乳幼児の活動	保育者の配慮・援助
11:30 ～ 12:00 ～		・粘土板の上で自分のつくった粘土を使って，自由に製作活動を楽しむ。 ○片付けをする ・粘土はビニール袋に入れ，保育者に手渡す。 雑巾で身のまわりの床の汚れを拭く。	○粘土のふわふわした感触など十分に楽しめるように言葉がけをする。 ○名前を確認しながらビニール袋を配付する。 ○ビニールに入った粘土を集める。 ○かたく絞ったぬれ雑巾で小麦粉等拭き取ることを伝える。
反省と評価			

【計画の留意点】
・小麦粉粘土を子どもが持ち帰る場合は，食品でできているため，塩で腐りにくいように配慮をしているが，カビ等に気をつけてもらうことを必ず保護者に伝えるようにすること。
・冷蔵庫などで保管するともちがよい。

指導案　起き上がりこぼし

指導者検印			○○年　○月　○日（○曜日）　　　　天候　（○　雨天可）		
			うめ組　　4歳児　　31名（男○名　女○名）		
タイトル	起き上がりこぼしで遊ぶ				
子どもの姿	○物をつくることに興味を示す子どもがふえてきた。○新しいことに挑戦しようとする意欲がみられるようになった。			ねらい	○起き上がりこぼしで遊ぶことによって，おもりの意味について気づく。

時　刻	環境構成	乳幼児の活動	保育者の配慮・援助
10:00～	○おもりのはいっている起き上がりこぼしと，おもりが入っていない起き上がりこぼしを用意する。 [準備物] ・紙コップ ・粘土 ・ガチャポンのケース（上下2つに分けておく） ・テープ ・カラーマーカー	○おもりの入っている起き上がりこぼしと，入っていない起き上がりこぼしの動きのちがいを見る。 ・保育者のまわりに集まる。 ・2つの起き上がりこぼしの動きを見る。 ・それぞれが自分で考えたことを言い合う。 ・2つの起き上がりこぼしの重さのちがいを発見する。 ・ガチャポンケースの中に粘土が入っていたほうが，倒れない起き上がりこぼしだと知る。	○おもりの入っている起き上がりこぼしと，入っていない起き上がりこぼしを子どもたちに見せながら，どう違うかを話す。 ・2つの起き上がりこぼしを手に持って，外見上のちがいがないことを見て確認させる。 ・テーブルの上に置いてみて，1つは倒れ，もう1つは立っていることを見せる。 ・立っている起き上がりこぼしは手で押し倒しても，手を離せばまた起き上がる様子を見せる。 ・2つの起き上がりこぼしにはどんなちがいがあるのか，子どもたちに意見を求める。 ・2つの起き上がりこぼしを，子どもたちの手に持たせ，さらに意見を求める。 ・重さのちがいに気づいたら，テープをはがし，ケースの底に粘土が入っていることを見せる。
	各テーブルに紙コップ，粘土，ガチャポンケース，テープカッター。カラーマーカーを用意する。	○起き上がりこぼしをつくる。 ・紙コップにマーカーで好きな絵を描く。 ・ガチャポンケースに粘土を入れて，それを紙コップにテープで付ける。 ・できあがった起き上がりこぼしで遊ぶ。	○起き上がりこぼしを楽しんでつくることができるよう援助する。 ・各テーブルに必要な素材や道具を配る。 ・テープが巻きにくい子どもには援助をする。 ・できた子が遊んでいる様子を見ながら，どんなふうに起き上がるのかを発見することができるように声をかけていく。
10:30～	○片付けへの配慮をする。 ・拾ったごみを入れやすいようにごみ箱を，わかりやすい場所に置く。	○片付けをする。 ・起き上がりこぼしを道具棚に片付ける。 ・床やテーブルの上のごみを拾って，ごみ箱に入れる。 ・テープやマーカーを所定の位置に返す。	○片付けをするように声をかける。 ・起き上がりこぼしを道具棚に片付け，テープやマーカーは所定のところにおくように声をかける。

反省と評価
・不思議な動きをする理由を発見するという楽しさが味わえてよかったと思います。
・テープでガチャポンケースを紙コップにつけるのがむずかしい子も多く，つくり方の工夫をもっとしていこうと思いました。
・紙コップに絵を描くことで，より起き上がりこぼしを楽しむことができてよかったと思います。

		指導案　紙皿フリスビー	
指導者 検　印		○○年　6月　○日（○曜日）　　　　天候（○　雨天可）	
		○○○組　　4歳児　　25名（男○名　女○名）	
タイトル	紙皿フリスビーをつくって遊ぶ		
子どもの姿	【進級児】 ○新しいクラスに慣れ，安心して過ごせるようになってきた。 【新入園児】 ○園生活にも慣れ始め，気の合う友だちが見つかり，いっしょに遊ぶのを楽しみに登園する。	ねらい	【製作】 ○紙皿フリスビーを飛ばした際に，どのように飛ぶのか，模様はどのように見えるのかなどを楽しみにする。 【遊び】 ○友だちといっしょに飛ばして楽しむ。 ○より遠くに飛ばそうとする。

時　刻	環境構成	乳幼児の活動	保育者の配慮・援助
10:10〜	［準備物］ ・紙皿　1人2枚（予備も含む） ・クレヨン ・フェルトペン ・セロテープ ・両面テープ ・のり など ＊クレヨン，フェルトペンは子どもが選択できるようにする。時間に余裕がある場合は絵の具で模様をつけても楽しめる。 ＊接着に使うセロテープやのりは，子どもが材料を選択できるようにする。 ・机にビニールシートなどを敷き，制作コーナーに配置する。 ・各机の中央に人数分の材料を分類して配置する。 ・手拭き用雑巾と製作用雑巾をトレイなどに入れて分類して配置する。 ＊製作コーナーのほかに，製作を終えた子どもや製作に参加したくない子どもが落ち着いて過ごせるコーナー（絵本コーナーなど）をつくっておく。	○手洗い，うがい，排泄を終えた子どもから，半円形に並べられた椅子に座る。 ・紙皿フリスビーが飛ぶ様子を見て，「わぁー，すごぉーい」などという。 ・口々に「お皿ぁ」などという。 ○製作の手順説明を聞く。 ○製作の様子を見る。 ・「ケガする」「痛い」など口々にいう。	○全員が揃うまで，手遊びをしたり，歌をうたうなど，待つ時間を楽しむ。 ○紙皿フリスビーの導入 ・「今日はね，とってもおもしろいおもちゃを持ってきたの」といい，「これはね，フリスビーっていってね，こうやってすると遠くまで飛ぶんだよ」と，紙皿フリスビーを飛ばしてみせる。 ・「遠くまで飛んだねぇ。これ，何でできていると思う？」と聞く。 ・「そう正解。これ，紙皿を2枚くっつけてつくったんだよ」といいながら，まだつくっていない紙皿2枚を全員に見えるように見せる。 ・あらためてできあがった紙皿フリスビーを見せながら「じゃあ，今からつくってみるから見ててね」という。 ○製作の手順説明をする。 ①表に模様のついた紙皿と裏に模様のついた紙皿を見せる。 　「先生はね，こんな模様をつけてみたんだよ」や「こんな色を塗ってみたよ」などという。 ②紙皿にのりをつけ，2枚を貼りあわせる。 　「こうやって，のりをつけて，ピッタンコってくっつけるんだよ」と見せる。 ＊手でのりをつけることに抵抗がある場合はスティックのりやセロハンテープでつけることも可能であることを伝える。また，事前にお皿に両面テープをつけておくと簡単になる。 ③注意事項を伝える 　「はい，これでできあがり。でもね，このフリスビーで遊ぶときにお約束を守ってほしいの。それはね，フリスビーを投げるとき，お友だちに当たらないように気をつけることなの。もし，投げたフリスビーがお友だちのお顔に当たったらどうなると思う？」と聞く。 　「そうだよね，フリスビーがあたってけがをしたらいやだもんね。だから，お友だちにあたらないように気をつけて遊ぼうね」という。

時　刻	環境構成	乳幼児の活動	保育者の配慮・援助
10:15～		○各机に分かれて製作を始める。	○製作・遊び ・「それでは，今からみんなでフリスビーをつくろう」と，5人ずつのグループまたは当番などの既存のグループに分けて机のほうへ移動することを促す。（＊机を2，3個つなげて行なってもよい）。 ・それぞれの製作の様子を見て，援助が必要な場合は一人一人にあった援助をする。 ・製作に参加しない子どもがいる場合は，無理に参加させるのではなく，様子を見て製作へ誘いかける。
10:30～	＊担任の協力を得られる場合は，製作をする室内とフリスビーを飛ばす園庭とに分かれられるように，事前に打ち合わせをしておく。	○できた子どもからフリスビーを飛ばして遊ぶ	・製作を終えた子どもには，「わぁ，素敵なフリスビーができたねぇ。あとでみんなでお外に飛ばしに行こうねぇ。それまで少しだけ絵本を見て待っててくれるかなぁ。お友だちのフリスビーとまちがわないようにお名前書いておこうね」などといい，フリスビーの裏に記名する。（担任の協力を得られる場合，園庭などで，できた子どもから楽しむ） ・遊びに参加する場合，一人一人の子どもに言葉をかけるように心がけ，いっしょに楽しむ。 ・製作に残る場合，あせらず製作ができるようにあたたかく見守る。
10:45～		・園庭で遊んでいる子どもは手洗いうがいを済ませ保育室へ戻る。 ・机を雑巾で拭き，使ったものを所定の場所へ片付ける。	○片付けをする。 ・園庭に出ている子どもがいる場合，保育室にもどるように声をかける。 ・つくったフリスビーは個人棚へ片付けるようにうながす。 ・各グループごとに使った机の上にある製作材料を片付けることをうながす。 ・片付ける場所を伝える。 ・机は製作用雑巾で拭き，雑巾は洗って干すようにうながす。 ・片付けをしようとしない子どもには，「いっしょに片付けよう」などといって子どもといっしょに片付ける。
反省と評価			

【計画の留意点】
・たくさんつくりたい子どもや，つくり直したい子どもがいる場合を考慮し，紙皿は多めに用意しておく。
・製作材料は日々の子どもたちの様子や担任からのアドバイスを聞き，用意する。
・5歳児を対象に行なう際は，短時間で仕上げるのではなく，2日間かけて絵の具やマーブリング液を使用しても楽しめる。
・フリスビーを飛ばして遊べる広い空間はどこであるかを事前に確認しておく（雨天の場合などの対応策も考えておく）。

指導案　ゆらゆらシーソー人形

指導者 検印		○○年　6月　○日（○曜日）　　　　天候（○　雨天可）	
		○○○組　4歳児　25名（男○名　女○名）	
タイトル	ゆらゆらシーソー人形をつくって遊ぶ		
子どもの姿	【進級児】 ○新しいクラスに慣れ，安心して過ごせるようになってきた。 【新入園児】 ○園生活にも慣れ始め，生活リズムも安定してきた。	ねらい	○ゆらゆらシーソー人形の不思議な動きを楽しむ。 ○材料選びを楽しみ，製作を工夫しようとする。

時　刻	環境構成	乳幼児の活動	保育者の配慮・援助
10:10～	[準備物] ・紙皿　1人1枚（事前に二つ折りにしておく） ・支え用の厚紙（事前につくっておく） ・画用紙（薄い色を中心に八つ切り画用紙を1/4に切り多めに用意する→人形の顔や手を描くため） ・クレヨン ・フェルトペン ・シール ・のり ・はさみ ・セロテープ ・両面テープ など ＊クレヨン，フェルトペンは子どもが選択できるようにする。時間に余裕がある場合はタンポをしても楽しめる。 ＊接着に使うセロテープやのりは，子どもが材料を選択できるようにする。 ・机にビニールシートなどを敷き，制作コーナーに配置する。 ・各机の中央に人数分の材料を分類して配置する。 ・手拭き用雑巾と製作用雑巾をトレイなどに入れて分類して配置する。 ＊製作コーナーのほかに，製作を終えた子どもや製作に参加したくない子どもが落ち着いて過ごせるコーナー（絵本コーナーなど）をつくっておく。	○手洗い，うがい，排泄を終えた子どもから，半円形に並べられた椅子に座る。 ・ゆらゆらシーソー人形をじっと見る。 ・「似てなーい」や「うさぎさんつくる」など，口々にいう。 ・「お友だちに向けない」など，口々にいう。	○全員が揃うまで，手遊びをしたり，歌をうたうなど，待つ時間を楽しむ。 ○ゆらゆらシーソー人形導入 　（実習生の前に材料を置いた机を1台設置） ・「今日はね先生のたいせつなお友だちのゆらゆらももちゃんが遊びに来たよ」と言いながら，女の子の顔がついたゆらゆらシーソー人形を動かして見せる（紙皿の部分は洋服に見立てて模様をつけている）。 　「ゆらゆら揺れておもしろいねぇ。みんなもいっしょにつくってみようか」などといって製作への気持ちを高められるように言葉かけをする。 ○製作の手順説明 ①八つ切り画用紙を1/4に切ったものに顔と手を描く。（事前に描いておいてもよい） 　「先生はね，先生のお顔を描いてみたよ。似てるかな？　みんなも自分のお顔でもいいし，お友だちの顔や動物の顔でもいいよ。あと手もいっしょに描こうね」などという。 ②描いた顔や手をハサミできる。（はさみの使い方に関する注意を伝える） 　「ハサミを使うときって，何に気をつけたらいいのかなぁ？　知ってる？」などといいながらハサミ使用時の注意点を子ども自身が考えられるようにする。 ③2つ折りにし，事前に模様をつけておいた紙皿を見せる。 　「先生はこんな模様のお洋服にしてみたの。みんなだったらどんなお洋服にするのかなぁ。ペンで描いてもいいし，シールを貼ったり画用紙を貼ってもいいよ」などという。 ④紙皿に「顔」と「手」をのりで貼り付ける。 　「お顔と手をぺったんって貼るね」などといいながら，のりで貼り付ける。 ⑤支えになる厚紙を紙皿に貼り付ける。 　「お顔と手がくっついたら，最後にこの紙をくっつけたらできあがりだよ」などと楽しそうにいう。 ⑥できあがったゆらゆらシーソー人形を揺らす。
10:20～		○各机に分かれて製作を始める。	○製作・遊び ・「それでは，○○グループの人は△の机で，□□グループの人は☆の机でつくろうね」などといい，4，5人に1つの机で製作できるようにする。

時　刻	環境構成	乳幼児の活動	保育者の配慮・援助
10:40〜 10:45〜		○つくったゆらゆらシーソー人形を個人棚へ片付け，床に落ちているごみを拾うなど，片付けを始める。 ・なかなか，片付けようとしない子どもがいる。	・それぞれの製作の様子を見て，援助が必要な場合は一人一人にあった援助をする。 ・製作に参加しない子どもがいる場合は，無理に参加させるのではなく，様子を見て製作へ誘いかける。 ・紙皿に模様をつけ，「顔」や「手」をつけおえた子どもには支え用の厚紙に名前を書き，バランスがとれる場所に貼り付ける。(両面テープを事前につけておくと早くできる) ○片付けをする。 ・つくったゆらゆらシーソー人形は個人棚へ片付けるようにうながす。 ・各グループごとに使った机の上にある製作材料を片付けることをうながす。 ・片付ける場所を伝える。 ・机は製作用雑巾で拭き，雑巾は洗って干すようにうながす。 ・片付けをしようとしない子どもには，「いっしょに片付けよう」などといって子どもといっしょに片付ける。
反省と評価			

【計画の留意点】
・たくさんつくりたい子どもや，作り直したい子どもがいる場合を考慮し，紙皿や画用紙は多めに用意しておく。
・製作材料は日々の子どもたちの様子や担任からのアドバイスを聞き，用意する。
・事前に動物の形に画用紙を切るなどし，紙皿に模様をつけるだけであれば，2，3歳児でも可能である。
・5歳児で応用する場合，動物の型紙を用意し，型紙から型をとる，型どおりに切り取るようにすると，違った遊び方ができる。また，支え用の厚紙も子どもたちで貼り付けるようにすると，微妙なバランスを知る機会にもなる。

指導者 検印			指導案　糸電話をつくって遊ぶ		
			○○年　4月　○日（○曜日）		天候　（○　雨天可）
			ばら組　5歳児　31名（男○名　女○名）		
タイトル	糸電話をつくって遊ぶ				
子どもの姿	○新しいクラスのなかでの友だちとのかかわりも，遊びを共有するグループができつつある。 ○仲間に入るきっかけを探している子どももいる。 ○戸外で遊ぶ機会がふえ，大声で友だちどうし呼び合う姿が見られる。		ねらい		○糸電話遊びを通して，友だちとのふれ合いを広げる。 ○素材によって音の伝わり方が違うことを体験し，楽しむ。
時　刻	環境構成		乳幼児の活動		保育者の配慮・援助
10:00～	○糸電話製作の準備 ［準備物］ ・紙コップ ・木綿糸・タコ糸・毛糸 ・はさみ ＊作業がしやすいように机を並べておく		・糸電話をつくる。 ・保育者のまわりに集まって座り，説明を聞く。 ・一人一人が耳にコップを当ててもらって，先生の声が聞こえることを体験する。 ・それぞれが道具棚からはさみを出し，各テーブルに着席する。 ・紙コップに木綿糸を通して，糸電話をつくる。 ・うまくできない子どもは，まわりの友だちに助けを求めたり，先生に援助をしてもらう。 ・糸電話ができた子どもは，友だちどうしで糸電話で遊ぶ。 ・違う糸にも興味をもち，毛糸やタコ糸で糸電話をつくる。 ・糸が違うと，声の伝わり方が違うことを知り，楽しむ。		○糸電話をつくって，友だちといっしょに遊びながら，音の伝わり方のちがいを楽しむ。 ・家の電話や携帯電話の話をしながら，糸電話に興味をもつように話しかける。 ・一人一人の耳にコップをつけて話しかけ，声が伝わっていることを体験させて興味をうながす。 ・「つくってみようか」と声をかける。 ・道具棚からはさみを出して，グループごとにそれぞれのテーブルにつくように声をかける。 ・各テーブルにそれぞれ紙コップと木綿糸を用意する。 ・うまくできない子どもにはそれぞれに応じて援助をする。 ・できた子は友だちどうし，電話ごっこをしようと声をかける。 ・違う糸があることを示し，違う糸でもつくってみようと声をかける。 ・糸が違うことによって，声が違って聞こえることを知ることができるように，声をかける。
10:40～	○片付けへの配慮をする。 ・拾ったごみを入れやすいように，ごみ箱をわかりやすい場所に置く。		・道具棚にはさみと糸電話を片付ける。 ・糸くずなどが散らかっていたら拾ってごみ箱に入れる。		・片付けの時間であることを伝え，道具棚に糸電話とはさみをしまっておくように声をかける。 ・テーブルの上や床にごみが残っていないか確認をしながら，子どもたちにも声をかけてきれいにできるようにうながす。

反省と評価
・最初，糸電話のつくり方を理解できない子がいましたが，そばに寄って個別に指導することによって，みんなつくることができてよかったと思いました。
・友だちどうし，電話をとおして声を聞くことができて楽しそうな様子でした。
・電話で話をする相手が見つからず，うろうろしていた子どもにどのように対応をしていいのかわからず，とまどってしまいました。

指導案　紙コップマラカスをつくって遊ぶ

指導者 検印		○○年　6月　○日（○曜日）　　　天候（○　雨天可）
		ばら組　5歳児　26名（男○名　女○名）

タイトル	紙コップマラカスをつくって遊ぶ		
子どもの姿	○物づくりに熱心に取り組み，自分なりに表現しようとする意欲がみられる。 ○さまざまな音に興味を示し，楽器などで遊ぶことを楽しむ姿がみられる。	ねらい	○紙コップでマラカスをつくり，中身の素材や振り方によって，音色が変わることを知る。 ○さまざまな振り方をして，音色のちがいを楽しむ。 ○自分だけのオリジナル楽器づくりに取り組む。

時刻	環境構成	乳幼児の活動	保育者の配慮・援助
10:00～	[準備物] ・机　7台 ・椅子　26脚 ＊各机にマラカスの中身となる素材を小分けにしておいておく。 　小豆，米，ネジ，ひまわりのたね，大豆，ビーズ，石 ・クレヨン（各自の物） ・紙コップ 　普通の物　100個 　底をくり抜いた物　80個 ＊子どもたちがいろいろな素材のものや形の違うマラカスを複数作れるように，多めに準備する。 ・セロハンテープ ・折り紙 ・のり ・シール ［配置図］ 前の机に紙コップを多めに用意しておく 実習生 ピアノ 戸 各テーブルにトレイをおき中身の素材となるものを小分けして置く。セロハンテープも各テーブルに置く。	○片付け，排泄，手洗いの済んだ子どもから椅子に座る。 ○「山の音楽家」を歌う。 ○実習生の話を聞く。 ○紙コップを受け取ったら，製作に取り組む。 ○できたマラカスを友だちと見せあって振ってみたり，実習生に見せにきたりする。 ○底をくり抜いた物とくり抜いていない紙コップを組み合わせて，長いマラカスをつくる。 ○中身をいろいろ替えていくつもマラカスをつくる子どももいる。	○次の活動が楽しいものであることを伝え，自ら進んで片付けられるようにうながす。 ○排泄や手洗いを済ませるように言葉かけする。 ○早くできて待っている子どもには，次にどんな遊びをするか，考えてみようなどと言葉をかける。 ○楽器づくりへの期待につながるように，「音楽家」になったような気持ちで，歌うように言葉をかける。 ○楽器の擬音の部分では，演奏をするポーズなどをとり，子どもといっしょに楽しむ。 ○「今日はこれからみんなが音楽家になったつもりで，楽器をつくるところから始めましょう」などと言葉をかけ，これからの遊びへの意欲をうながす。 ○あらかじめつくっておいたマラカスを見せ，振ってみる。「中に何が入っているでしょうか？」と子どもたちに尋ね，音に耳をすますよう言葉かけをする。 ○「お米」などと答えが口々に出てきたら，正解をいい，もう一度よく聞くようにうながす。 ○底をくり抜いた紙コップを使うと，長くつながったマラカスがつくれることも伝え，製作への意欲へとつながるようにする。 ○「これからみんなも自分で好きな物を中に入れてマラカスをつくりましょう」などといい，つくり方の手順を説明する。 ○楽しく遊ぶための約束をする。 ○最初は紙コップを2つずつ渡し，まずひとつつくってみるように言葉をかける。 ○セロテープでうまく止められない子どもには，どうしたらうまく止まるかをいっしょに考え，自分でできるように励ます。 ○「中身は何を入れたのかな？」や，「振って見せて」などと言葉をかけ，子どもたちの振り方の工夫や音に関する印象を尋ねるなど，子どもが音や振り方に興味・関心を示すような言葉をかける。 ○それぞれの子どもが，マラカスづくりの何に興味を示しているかをよく把握し，言葉を交わしながら，さらに意欲がわくような働きかけをする。
10:10～			

時　刻	環境構成	乳幼児の活動	保育者の配慮・援助
10:40〜		○クレヨンで名前や絵を描いたり，シールや折り紙などを貼ったりして，自分だけのオリジナルのマラカスをつくる。 ○仕上がった作品をみんなに見せ，音を聞き合ったりする。 ○ピアノに合わせて自分のマラカスを振り，合奏をしたり歌を歌ったりする。 ○マラカスの音を擬音で歌ってみて，自分の音を言葉で表現してみる。	○いろいろな工夫をして，自分なりの紙コップマラカスをつくる姿を認め，見せにきた子どもには「上手にできたね，どんな音がするか聞かせて」などと言葉をかけ，作品が仕上がったことをいっしょに喜び，譽める。 ○どのようなマラカスができたか，1人ずつ前に出てみんなに見せ，中身には何を入れたか，どのような点を工夫したか，どんな振り方が好きかなどを発表しあい，それぞれのよさを言葉にしてほめる。 ○導入で歌った「山の音楽家」をもう一度ピアノで弾き，「今度は自分でつくったマラカスを振って音楽家になりましょう」と言葉をかける。「上手にマラカス鳴らしてみましょう」などと替え歌にしてみたり，擬音の部分を好きな言葉で歌うようにうながす。
10:50〜	○片付けへの配慮をする。 ・落ちたゴミを片付けやすいように，ゴミ箱をわかりやすい場所に置く。	○片付けをする。 ・残った紙コップを片付ける。 ・小豆や米などが散らばっていたら，できるだけ拾ってきれいにする。 ・クレヨンや折り紙などを所定の位置にもどす。	○片付けをするように声をかける。 ・つくったマラカスは家に持って帰り，両親やきょうだいに見せて，音を聞かせてあげるよう伝える。 ・クレヨンは所定の位置にもどしておくように言葉をかける。 ・床が汚れている場合はほうきではき，手で拾えるものは子どもにもいっしょに集めるよう言葉をかける。

指導案　糸目ころがし

指導者検印		○○年　9月　○日（○曜日）　　　天候（○　雨天可）		
		○○○組　4歳児　20名（男○名　女○名）			
タイトル	糸目ころがし			
子どもの姿	○夏休みを終えて，園内でなら自信をもってさまざまな活動に取り組もうとする姿が見られる。 ○自分以外の周囲の人に，関心をもって相手にかかわろうとしている。		ねらい	○糸を筒に巻き付けて，構成のおもしろさを知る。 ○自由に巻き付けた糸目から作り出される模様の不思議さにわくわくする気持ちを経験する。
時　刻	環境構成		乳幼児の活動	保育者の配慮・援助
9:30〜 自由活動終了まで	［配置図］保育室 実習生○ 掲示板　テーブル4台 戸 ［コーナー配置図］ セロテープ台 画用紙　芯材 タオル　絵の具 子ども用イス 絵の具 画用紙 ［準備物］ ・筒状の固さのある芯　40本 　（トイレットペーパー　ラップ　アルミホイル等，大きさの違うものを集める） ・たこ糸　50cm×人数分 ・セロハンテープ台　3台 ・絵の具を1色ずつトレイに溶いたもの（赤　紫　黄　青　緑　黄緑） ・筆　12本（1色につき2本） ・手拭き用タオル　2本 ・雑巾　2〜3枚 ・画用紙八ツ切サイズ　40枚 ・展示用にコーナーに貼付用以下2点 　・糸目ころがしの模様を付けた画用紙 　・カードに仕上げたもの ＊材料は，素材別に分けて空き箱に入れて準備し，子どもが自由に選びとれるようにテーブルの上に設置する。		○個々が自由に活動を楽しむ。 ○コーナーの存在に気づき，掲示してある作品に興味をもつ。 ○説明を聞き，好みの芯材を選び糸を巻き付ける。 ＊うまく糸が巻き付けられないと訴える子どもがいる。 ・糸目に絵の具で好みの色をのせる。 ・画用紙の上を何度かころがし，模様づくりを楽しむ。 ＊くり返し糸目ころがしを楽しむ子どもがいる。 ＊他の活動に移動する子どもがいる。	○自由活動中の1つのコーナーとして準備する。できあがり作品が子どもの目に止まるように掲示する。 ○糸目ころがしの方法を説明し，活動に誘う。 ○活動の様子を見ながら随時詳細な説明を加える。 ○基本的には活動を見守り，必要があれば援助する。 ○巻き付ける糸のたるみやよれもおもしろい模様になることを伝え，子どもの手で仕上げるよう励ます。 ○どのような模様になるのか，わくわくするような，仕上がりに期待がもてるような言葉がけをする。 ○仕上がった作品には記名し，絵の具が乾くまでは重ならないように保管する。
反省と評価				

指導案　風と遊ぼう

指導者 検印		○○年　9月　○日（○曜日）		天候　（○　雨天可）
		○○○組　3歳児　19名（男○名　女○名）		

タイトル	風と遊ぼう		
子どもの姿	○園生活に慣れ，保育者を支えとして安心して過ごす。 ○まわりの友だちに気持ちを向け始め，好みのおもちゃを媒体としていっしょに遊ぶ姿が見られる。	ねらい	○風や空気に興味をもつようになる。 ○身近な素材で風船をつくって遊ぶ。

時刻	環境構成	乳幼児の活動	保育者の配慮・援助
10:30～	［準備物］ ・スーパーの買い物袋（ビニール）25枚 ・紙袋（薄手のもの）25枚 ・セロハンテープ（台付き）4～5台 ・名前シール（人数分） ［配置図］ （実習生・子ども・テーブル2台・袋類・セロテープ台・戸 の配置図）	○片付け，手洗いの終わった子どもは実習生の前に椅子を準備して半円形に座る。 ・おしゃべりをしたり騒がしい状態で座っている。 実習生の話を聞く。 ・自由に発言する。 ○スーパーの袋や紙袋か好みの物を選ぶ。 ・袋に空気をとり込み，風船をつくる。 ＊室内を走り回る。 ＊風船の活動をしない等 ○風船で遊ぶ。 ○片付けをする。	○片付け，手洗いを済ませているかを確認しながら，子どもたちの座席の準備を援助する。 ○スーパーの買い物袋を手で揉んで音をたてて子どもたちの興味をかき立てる。 ○子どもたちに尋ねる。 「何の音だかわかりますか？」 ○おおよそ答えが出たところで，袋を広げてみせる。 ○子どもたちの前で袋を大きく振り，その袋の中に空気を入れ，ふくらませた状態で口をしっかり持つ。 ○「今この袋の中に何かをつかまえた」ことを伝え何をつかまえたか考えるように問いかける。 ○おおよそ答えが出たところで，空気は目には見えないけれど，袋がふくらんでいるのは空気が入ったからであり，袋に入れるとわかることを伝える。 ○下敷き等で風を起こし子どもたちに当て，このように感じることができることを伝える。 ○その他何でも空気や風について子どもたちと話す。 ○スーパーの袋や紙袋か好みの物を選び，空気を袋に入れて袋の口をねじり，セロハンテープで空気がもれないように留め，風船をつくることを伝える。 ○子どもの活動を見守り，必要があれば援助する。 ＊危険なことを伝える。 ＊実習生が楽しそうに風船を軽く突く等もう一度風船に興味が向くように語りかける。 ○風船を突いて遊ぶときに子どもどうしや物に衝突しないように配慮し，子どもたちへも周囲をよく見るように伝える。 ○風船に名前シールを貼る。
11:00～ 11:15			

反省と評価	

指導案　砂粒の中の宝探し

指導者検印		○○年　5月　○日（○曜日）　　天候（○　雨天可）		
		ばら組　5歳児　31名（男○名　女○名）		
タイトル	砂粒の中の宝探し			
子どもの姿	○先週，川遊びに行って砂で遊んだことを思いだしながら，砂場でもそのときの川遊びの様子を再現して楽しんでいる。 ○砂や大小の石の形状，乾いているときや濡れたときの状態のちがいに気づき，遊び方の工夫をする姿が見られる。 ○川遊びの経験を，画用紙に描いている姿も見られる。		ねらい	○砂の形状の特徴や色のちがいに気づき，さまざまな種類が混在していることを知る。 ○砂粒の形や色の美しさに感動する。

時刻	環境構成	乳幼児の活動	保育者の配慮・援助
10:00～	○砂粒を手に取って観察できるようにする。 ［準備物］ ・たらいに入れた乾いた砂 ・虫眼鏡 ・白い画用紙	○砂粒の観察をする。 ・砂粒を手に取って感触を楽しむ。 ・砂を少量手のひらに乗せて，どんな粒が入っているのかを見て，それぞれに意見をいう。 ・白い紙の上に砂をばらまいて，どんな色や形があるのかを見て気づく。 ・もっとよく見るために虫眼鏡で砂粒を観察する。 ・自分がきれいだと思う砂粒を集めて，みんなで見せあう。	○一人一人が砂粒を観察できるように言葉をかける。 ・砂を入れたたらいに手を入れ，砂の感触を楽しむことができるよう，言葉をかける。 ・砂を手の上に取り，さまざまな角度から観察したり，つまんだりして，さまざまな種類の砂粒があることを発見できるようにする。 ・砂の形や色を楽しむことができるように，声をかける。 ・もっとよく見てみたいと思えるように声をかける。 ・虫眼鏡をとりだし，もっとよく見えることを気づかせる。 ・それぞれがもっている砂粒一つひとつが美しい形や色をもつことに共感する。
	○テーブルを出して，砂絵を描く用意をする。 ［準備物］ ・画用紙 ・鉛筆 ・はけ ・糊（少量の水でのびやすくしておく）	○集めた砂粒を使って，砂で絵を描く。 ・画用紙に鉛筆で描きたい絵を線書きする。 ・画用紙にはけで糊を薄く塗る。 ・その上に砂粒をまき，砂絵を描く。	○それぞれが独創性をもった砂絵が描けるよう，援助をする。 ・糊を塗るときに少量すぎたり多量すぎたりすることがないように，配慮する。 ・糊が乾かないうちに作品を振り回すと，砂が落ちてしまうこと気づかせる。
10:30～	○片付けをする ・砂がはけるようにほうきを用意し，ごみがすぐに入れられるようにごみ箱を目につきやすいところへ出す。 ・タオルかけを手洗い場の近くへ用意する。	○片付けをする。 ・床に落ちた砂をはく。 ・手で拾えるごみは手で拾ってごみ箱へ入れる。 ・はけを洗って，所定の位置へ返す。 ・虫眼鏡やその他使った道具を所定の位置へ返す。	○片付けをするように声をかける。 ・糊を洗ったり，ほうきで掃くのを手伝いながら，みながいっしょに片付けができるように声をかける。

反省と評価
・さまざまな砂の形や色の美しさを発見できてよかったと思います。
・砂絵を描くとき，砂が保育室中にこぼれてしまって，後片付けが大変でした。
・さまざまな言葉で，砂粒の美しさを表現している子どもたちの姿に感動しました。

付　録　①

ペープサートで演じるお話「さっとんぱ！」

●場面①

ナレーション
　ここは深い深い森の奥。
　今日も元気な笑い声が聞こえ
　てきます。

ポロ：ねぇリリ，ガブ，明日は
　　　となり街のお祭りだね！
　　　ぜったい楽しいからいっ
　　　しょに行こうよ。
リリ：いいわよ。とても大きな
　　　お祭りだものね。

　　　景画　　　　ポロ　　　　リリ　　　　ガブ
　　（型紙⑫）　（型紙①）　（型紙④）　（型紙⑦）

ガブ：でもさ，となり街に行くには暗くてこわい山を越えなきゃいけないんだよね。
ポロ：う〜ん，聞いた話では最近，その山でおっかないトロルを見たっていうひとがいるらしいよ。
リリ：え!?　こわ〜い!!　ほんとなの？　トロル？　それじゃぁ私，行けないわ。
ガブ：何でもひとをおどかして喜んでるらしいよ。
3人：こわいねぇ！
ポロ：でも年に一度のお祭りだし，ぜったい楽しいはずだし。どうにか山を越えられないかなぁ。
　　　あ，そうだ！　森のおじいさんに相談してみようよ。
ガブ：そうだね。おじいさん，いろんなこと知ってるものね。
3人：よし，おじいさんのところへ行ってみよう！

●場面②

3人：トントン！　おじいさん，
　　　いますか？
おじいさん：は〜い。おやおや
　　　みんな元気そうじゃな。
　　　さ，中へお入り。
3人：おじゃましま〜す。
おじいさん：ところで，今日は
　　　どうしたんじゃね？
ポロ：実は明日，となり街のお
　　　祭りに行きたいんですけ
　　　ど，途中の山にいるらし

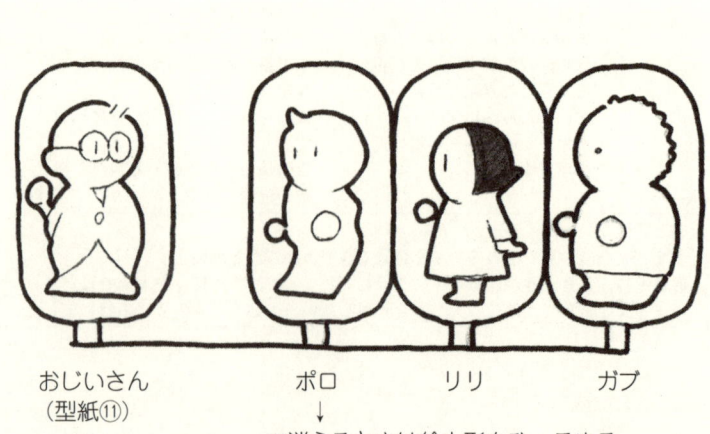

　　おじいさん　　　ポロ　　　リリ　　　ガブ
　　（型紙⑪）
　　　　　　　　　　↓
　　　　　　　　※消えるときは絵人形をひっこめる。

いトロルがこわくて困ってるんです。何かいい考えはありませんか？

リリ：とてもとても楽しみにしているお祭りなんです。もう！ 何でトロルなんかいるのかしら！
おじいさん：そうじゃなぁ，となり街へ行くにはどうしてもあの山を通らんとならんからなぁ。ちょっと本で調べてみよう。ピラッピラッ！（本を調べながら）
お，そうじゃそうじゃ，いいことが書いてあるぞ。『さっとんぱ！』と呪文を唱えると姿が消えるんじゃ。ほれ，ちょっとやってみなさい。
ポロ：え〜!? なになに『さっとんぱ』？ じゃぁ，ちょっと試してみます。いきますよ。せ〜の『さっとんぱ！』

　　　キラキラキラ〜（ポロ，消える）

ポロ：わっ！ な，なんだ!? ほんとに消えちゃったぞ!!
ガブ：すごい！ これなら暗くてこわいあの山もトロルに見つからずに越えられるぞ。
リリ：でも，ポロ，ずっと見えなくなっちゃったまま？
おじいさん：ははっ！ リリちゃん，心配はいらんよ。この本にちゃんと書いてある。『ぴっちっぱ！』と呪文を唱えれば元に戻れるようじゃ。
ポロ：よし，それじゃいくよ。『ぴっちっぱ！』

　　　キラキラキラ〜（ポロ，現われる）

ポロ：ふぅ〜，こりゃいいや！
リリ：これで楽しいお祭りに安心して行けるわね。
ガブ：そうだね。呪文をしっかり覚えて行かなきゃね。
おじいさん：そう，呪文はしっかり大きな声ではっきり言うんじゃぞ。
3人：は〜い。おじいさん，どうもありがとう！ 明日のお祭り，いっぱい楽しんできます。

●場面③ ─────────

ナレーション
　次の日の夕方。3人は暗くてジメジメした山道をおそるおそる歩いています。

裏面が「消えた姿」を描いた絵人形

　　　リリ　　　ガブ　　　ポロ　　　トロル　　　景画
　　（型紙⑤）（型紙⑧）（型紙②）（型紙⑩）

ポロ：やっぱりここは何だか息苦しいくらい変におっかない道だよね。
ガブ：う〜ん，今にも何か出て来そうで……。
リリ：やめてよ，ガブ。きゃ〜!! ト，ト，トロルぅ〜!!
トロル：ばぁ〜!!
3人：きゃ〜〜！

トロル：この道を通るやつはみ～んな怪物の世界に連れて行ってやるからな～。
3人：うわ～，そんなのいやだよぉ。うえ～ん。
トロル：まずはどいつから連れて行こうかな。おい！　そこのおまえ！
ポロ：ええ!?　ぼく!?　そ，そんなぁ。
リリ：ポロ，おじいさんの呪文！
ポロ：そ，そうだ。呪文，呪文。
　　　なんだっけ？　あ！　せ～の『さっとん　ぷ！』

　　　キラキラキラ～（ポロ，上半身だけ消える。）

トロル：げっ!!　何だこの不気味なやつは！
ポロ：今のうちに逃げちゃえ。ひゃ～。
トロル：な，なんだ今のは!?　おい，そこのおまえ！
ガブ：ぼ，ぼく!?
リリ：自信をもってはっきり言うのよ！
ガブ：でも，こわいんだもの……
　　　（震える声で弱々しく）さ～・と～～ん・ぱ～

　　　キラキラキラ～（ガブ，体がバラバラに浮かぶ）

トロル：ぎゃ～!!　おばけぇ～！
ガブ：なんだかよくわかんないけど，このまま逃げちゃえ。すたこらさっさ！
トロル：おまえら何なんだ？
リリ：さっとんぱ！

　　　キラキラキラ～（リリ，消える）

トロル：あっ！
リリ：うふっ！　トロルさん，これならつかまえられないわよね。
　　　さよなら～。
トロル：な，なんだ……？　あいつらみんな変なことになってたぞ。おかしいなぁ～。

●場面④────────────
おじいさん：さてさて，みんなうまいこ
　　　　　と山を抜けられたかのぉ。
トロル：おい，じいさん！　あの3人が
　　　変なことになってたのはじいさん
　　　が何か余計なこと教えたからだ
　　　な！　何をした!?
おじいさん：いやいや，たいしたことじ
　　　　　ゃない。『さっとんぱ！』と言っ
　　　　　たら消えてしまう呪文を教えた
　　　　　だけじゃよ。

おじいさん　　　トロル　　景画
　　　　　　　　　↓
　　　　　※消えるときは絵人形をひっこめる。

トロル：なに？　さっとんぱ？　……ふ～ん，おもしろそうだな。オレもやってみるか。せ～の『さっとんぱ！』

　　　キラキラキラ～（トロル，消える）

トロル：はっはっは！　こりゃいいや！　じいさん，なかなかおもしろいこと知ってやがるなぁ！
おじいさん：では，わしはこれで。
トロル：おい，待てじいさん！　ところでどうやれば元の姿に戻れるんだ？
おじいさん：ほほ！　それは教えられん。
トロル：何!?
おじいさん：おまえはみんなを驚かせてばかりじゃ，おちおちとなり街にだってあそびに行かれんからな。
トロル：許してくれよぉ。うえ～ん。
おじいさん：ほほ！　さよならぁ～。

●場面⑤ ────────

ナレーション
　となり街では3人がまだあの格好のままです。

おじいさん：お～い，みんなぁ～。
ポロ：あ！　おじいさんの声だ。おじいさ～ん。なんとか山を越えられたよ～。
おじいさん：3人ともなかなかこわい思いをしたんじゃな。呪文をちゃんと言えたのはリリちゃんだけじゃったか。まぁ，でもみんな無事でよかったよかった。ではみんなで最後の呪文を唱えることにしよう。覚えてるかい？　『ぴっちっぱ！』じゃよ。いくぞ，せ～の。
全員：ぴっちっぱ！
リリ：あぁ，よかった！　これでお祭り，楽しくあそべるわね。
ガブ：さて，なにから食べてやろうかな？
ポロ：もう，ガブ，たべもののことばっかり。
おじいさん：さぁさ，とにかくお祭りを楽しもう。
3人：は～い。

　　　おしまい。

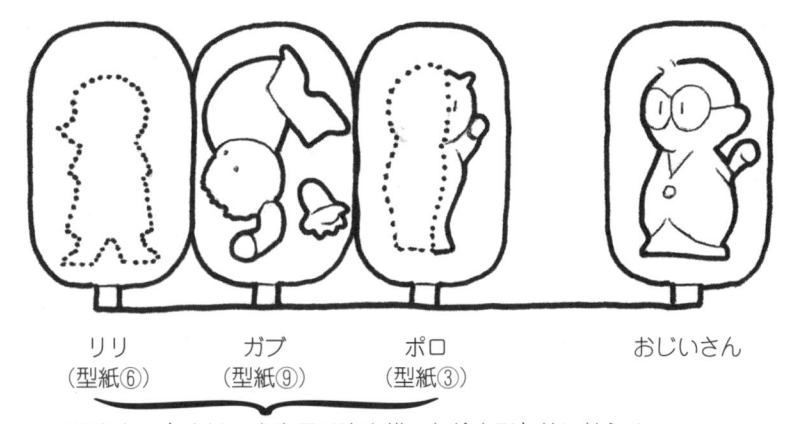

リリ（型紙⑥）　ガブ（型紙⑨）　ポロ（型紙③）　おじいさん

※現われるときは，表裏同じ姿を描いた絵人形と差し替える。

付録 ②

新聞人形で演じる「ケンタの冒険」

①あるところに，ケンタというとても元気な男の子がいました。ケンタは冒険が大好き。いつもドキドキワクワクすることを探していました。

①

②今日も朝から新聞を見ながらおもしろそうなことを探しています。「ふむふむ……お！　なになに，遠い遠い海のかなたに『宝島』があるって書いてあるぞ。そいつはおもしろい！　さっそく冒険だ！」

②２つ折りにした新聞紙を図のように折り返す。

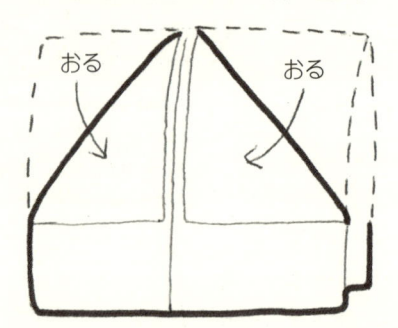

おる　おる

③「宝島」にはたくさんのお宝が眠っているけれど，そのまわりに広がる海は荒々しく，とてもその島にはたどりつくことがむずかしいとその記事には書かれていました。

③下部を２段巻き込んで折る。

反対側も同じように折る。

④そこでケンタは飛行機で「宝島」へ行くことにしました。
　手早く荷物を積み込んで。食べ物もおかしもたくさん積んで。さぁ出発だ!!

⑤飛行機は空高く舞い上がり，どんどんスピードを上げていきます。山を越えて海を越えて。「お宝はぼくのものだ。だれよりも速く『宝島』へ行ってやるぞ！」
　ケンタは飛行機を操縦しながら「お宝」のことをあれこれ想像してドキドキワクワクしています。

⑥飛行機は飛んで飛んで。1日過ぎ2日過ぎ。そして「あ！ あれが『宝島』だ!! やっとたどりついたんだ！」ケンタは大喜び。

⑦しかしその時，飛行機が大きく下へ傾きました「な，なんだ!?」そうです。ケンタは慌てて出発してきたので，燃料をいっぱいにしてくるのを忘れていたのです。
　下はどこまでも広がる海。「ここで墜落したら，だれが助けてくれるんだろう？」

⑧よく見ると下には大きなクジラさん。「あぶない！ このままじゃクジラさんにぶつかっちゃう。クジラさ〜ん，あぶない，よけてよけて!!」

④⑤⑥⑦

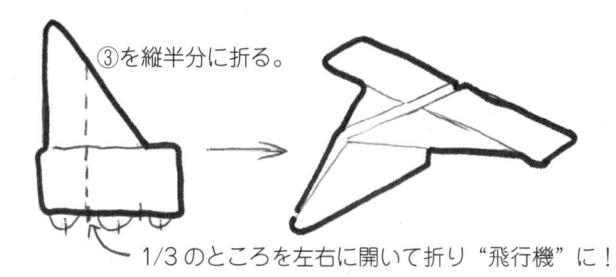

③を縦半分に折る。

1/3のところを左右に開いて折り"飛行機"に！

※ストーリーに合わせて，③の"宝島"を時どき見せると効果的。

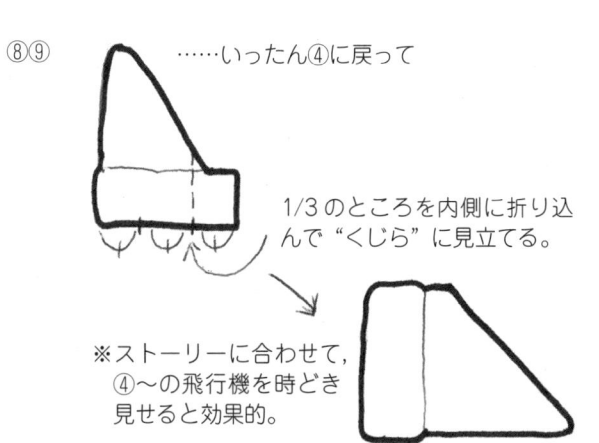

⑧⑨

……いったん④に戻って

1/3のところを内側に折り込んで"くじら"に見立てる。

※ストーリーに合わせて，④〜の飛行機を時どき見せると効果的。

⑨ 大きな音と声にクジラさんはやっと気づいてくれたものの，時すでに遅し。飛行機は「どっか〜ん‼」クジラさんにぶつかって壊れ，海の底深くに沈んでしまいました。

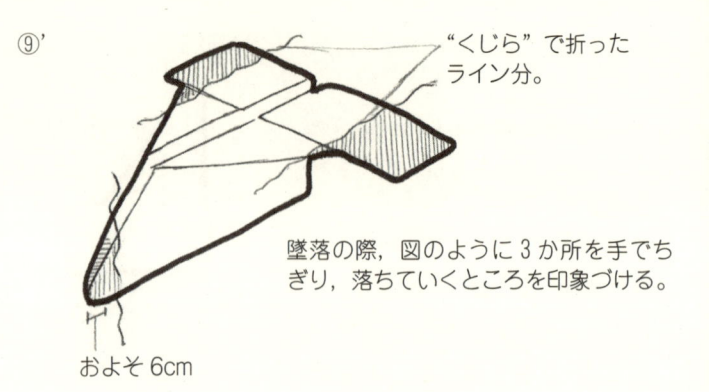

⑨' "くじら"で折ったライン分。

墜落の際，図のように3か所を手でちぎり，落ちていくところを印象づける。

およそ6cm

⑩ ケンタはどうなったかって？
次の日の朝。「宝島」にこんな形のTシャツが流れて着きました。だれのシャツかな？ ちょっとじっくり見てみましょう。
あれ？ あれあれ??
手が出て足が出て……あ！ ケンタだ‼ よかった。ちゃんと生きてたんだ。

⑪「あぁ，クジラさんにぶつかったときはどうなるかと思った。でもさ，あのクジラさん，飛行機とぶつかってすごく痛かっただろうに一生懸命ぼくのことをやさしく助けてくれたんだ。ほんとに助かったよ。ありがとう！」
結局，宝島にはお宝なんて何もなかったんだけど，ケンタにとってはとても大事な友だちができてドキドキワクワクの冒険になったようです。

おしまい。

⑩ 新聞紙を広げるとTシャツの形になっている。

しかけを引っぱり出すと……

おしまい！

●編者紹介●

岡本拡子（おかもと　ひろこ）

1962年　大阪府に生まれる
1987年　大阪教育大学大学院教育学研究科修士課程修了
1997年　聖和大学大学院教育学研究科博士後期課程単位取得満了
現　在　高崎健康福祉大学短期大学部助教授，博士（教育学）

●主著・論文
保育における音楽的なやりとりを通して子どもたちが学ぶものは何か―ある保
　育者と1・2歳児との関わりから―（博士学位論文）聖和大学　2002年
レッジョ・エミリア保育実践入門（共訳）北大路書房　2000年
幼児教育課程論入門（共著）建帛社　2002年
幼稚園教諭・保育士養成課程　教育・保育実習ハンドブック（共著）みらい
　2003年
保育ライブラリ　教育心理学（共著）北大路書房　2004年

●執筆者プロフィール（五十音順，＊は編著者）●

居原田洋子　　美作大学短期大学部幼児教育学科　講師
　　　　　　　第1章−11　第3章−4・5

＊岡本　拡子　　高崎健康福祉大学短期大学部児童福祉学科　助教授
　　　　　　　第1章−10　第4章−5

　小寺　玲音　　樟蔭東女子短期大学生活学科児童保育コース　講師
　　　　　　　第1章−5・7

　瀧川　光治　　樟蔭東女子短期大学生活学科児童保育コース　講師
　　　　　　　第1章−2・3・6・8・12

　土谷　長子　　兵庫大学短期大学部保育科　講師
　　　　　　　第1章−4・9　第3章−3

　野﨑　之暢　　京都保育福祉専門学院保育科　専任教員
　　　　　　　第2章−1・4〜7　第4章−1〜4・6　付録1・2

　野﨑美香子　　元聖学院アトランタ国際学校幼稚部　主任
　　　　　　　第1章−1　第2章−2・3　第3章−1・2　第4章−6

つくってさわって感じて楽しい！
実習に役立つ表現遊び —指導案つき—

2004年9月20日　初版第1刷印刷 2004年10月1日　初版第1刷発行	定価はカバーに表示して あります。

　　　　　編著者　　岡　本　拡　子
　　　　　発行者　　小　森　公　明
　　　　　発行所　　㈱北大路書房
　　　　　〒603-8303　京都市北区紫野十二坊町12-8
　　　　　　　　　　電　話　(075) 431-0361(代)
　　　　　　　　　　Ｆ Ａ Ｘ　(075) 431-9393
　　　　　　　　　　振　替　01050-4-2083

©2004　　制作　見聞社　　印刷・製本　清水印刷㈱
　　　　　日本著作権協会(出)許諾第0412536-401
　　　　　GOING TO THE ZOO（動物園へ行こう）
　　　　　　by TOM PAXTON
　　　　　© 1961 by CHERRY LANE MUSIC PUBLISHING CO.,INK.
　　　　　& DREAMWORKS MUSIC PUBLISHING LLC.
　　　　　All Rights Reserved. The rights for Japan assigned to
　　　　　FUJIPACIFIC MUSIC INC.
　　　　　検印省略　乱丁・落丁はお取り替えいたします。
　　　　　　ISBN4-7628-2410-0　　　Printed in Japan

付録①―型紙①

ポロ　　※鏡像とセットにして作成してください

付録①―型紙②

ポロⒶ（Ⓑとセット）

付録①―型紙③

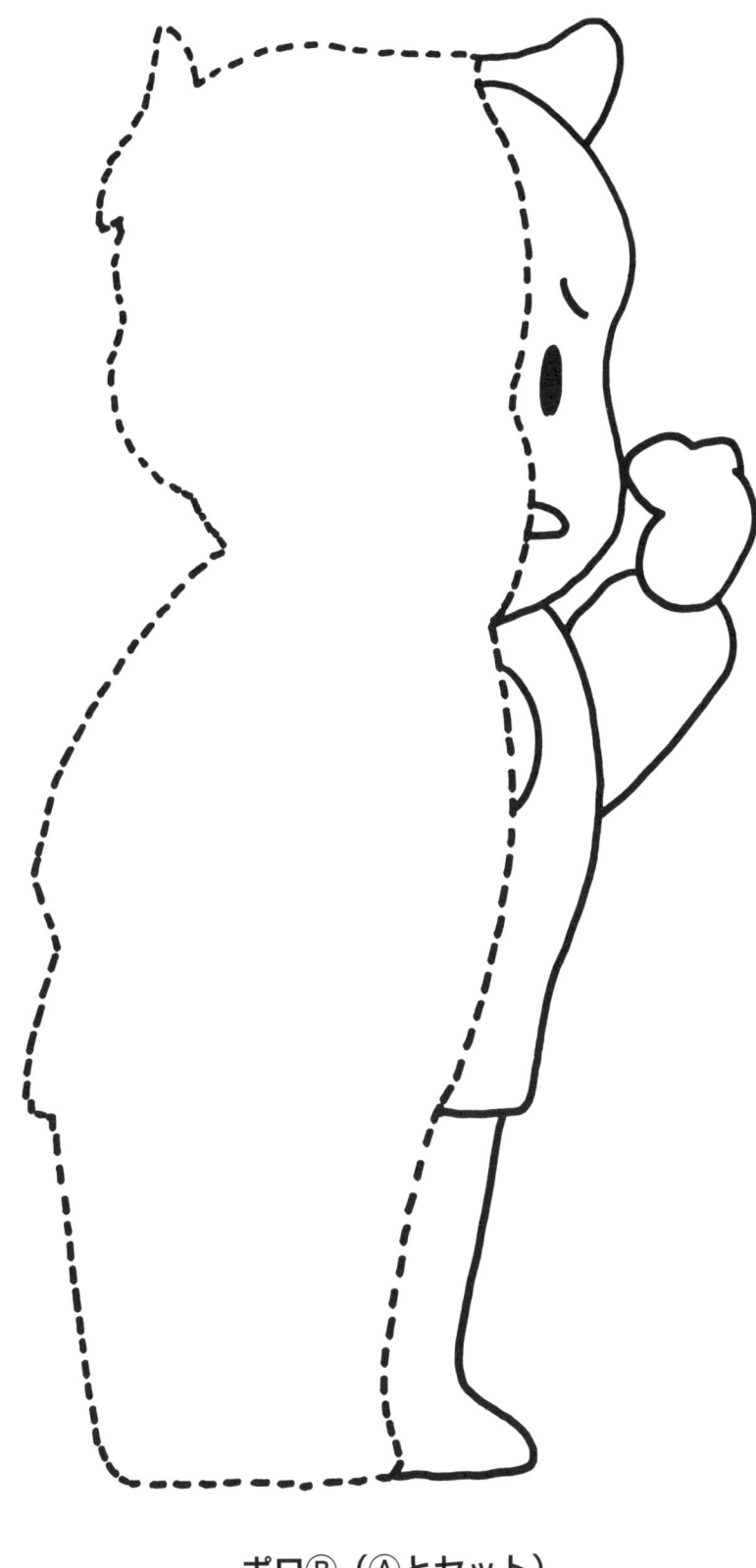

ポロⒷ（Ⓐとセット）

付録①—型紙④

リリ　※鏡像とセットにして作成してください

付録①―型紙⑤

リリⓐ（Ⓑとセット）

付録①—型紙⑥

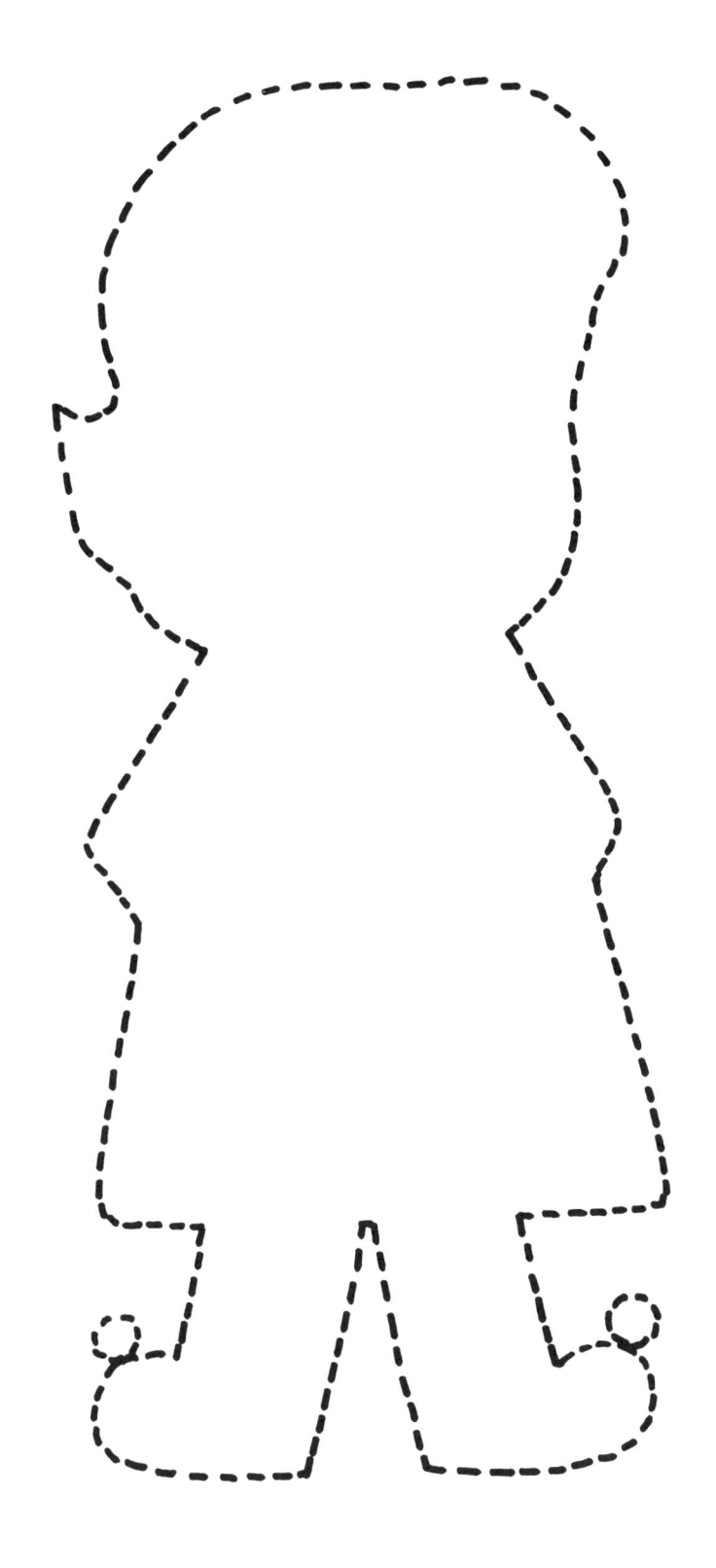

リリⒷ（Ⓐとセット）

付録①—型紙⑦

ガブ　※鏡像とセットにして作成してください

付録①—型紙⑧

ガブⒶ（Ⓑとセット）

付録①—型紙⑨

ガブⒷ（Ⓐとセット）

付録①—型紙⑩

トロル　　※110％に拡大し，鏡像とセットにして作成してください

付録①—型紙⑪

おじいさん　　※鏡像とセットにして作成してください

付録①—型紙⑫

景 画

付録②―型紙

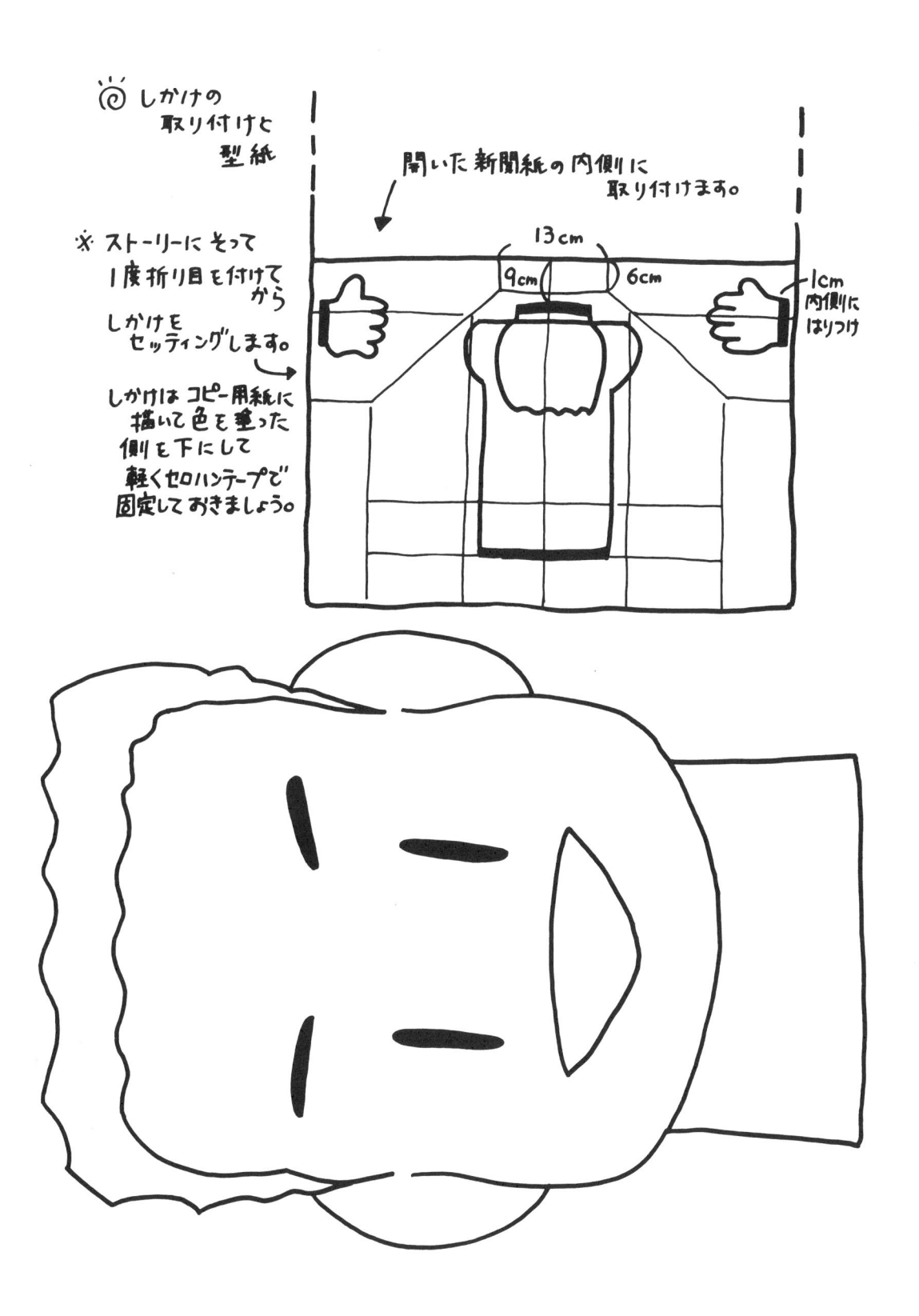

しかけの取り付けと型紙

※ ストーリーにそって1度折り目を付けてからしかけをセッティングします。

しかけはコピー用紙に描いて色を塗った側を下にして軽くセロハンテープで固定しておきましょう。

開いた新聞紙の内側に取り付けます。

13cm / 9cm / 6cm / 1cm内側にはりつけ

※ 125%に拡大して使用してください。

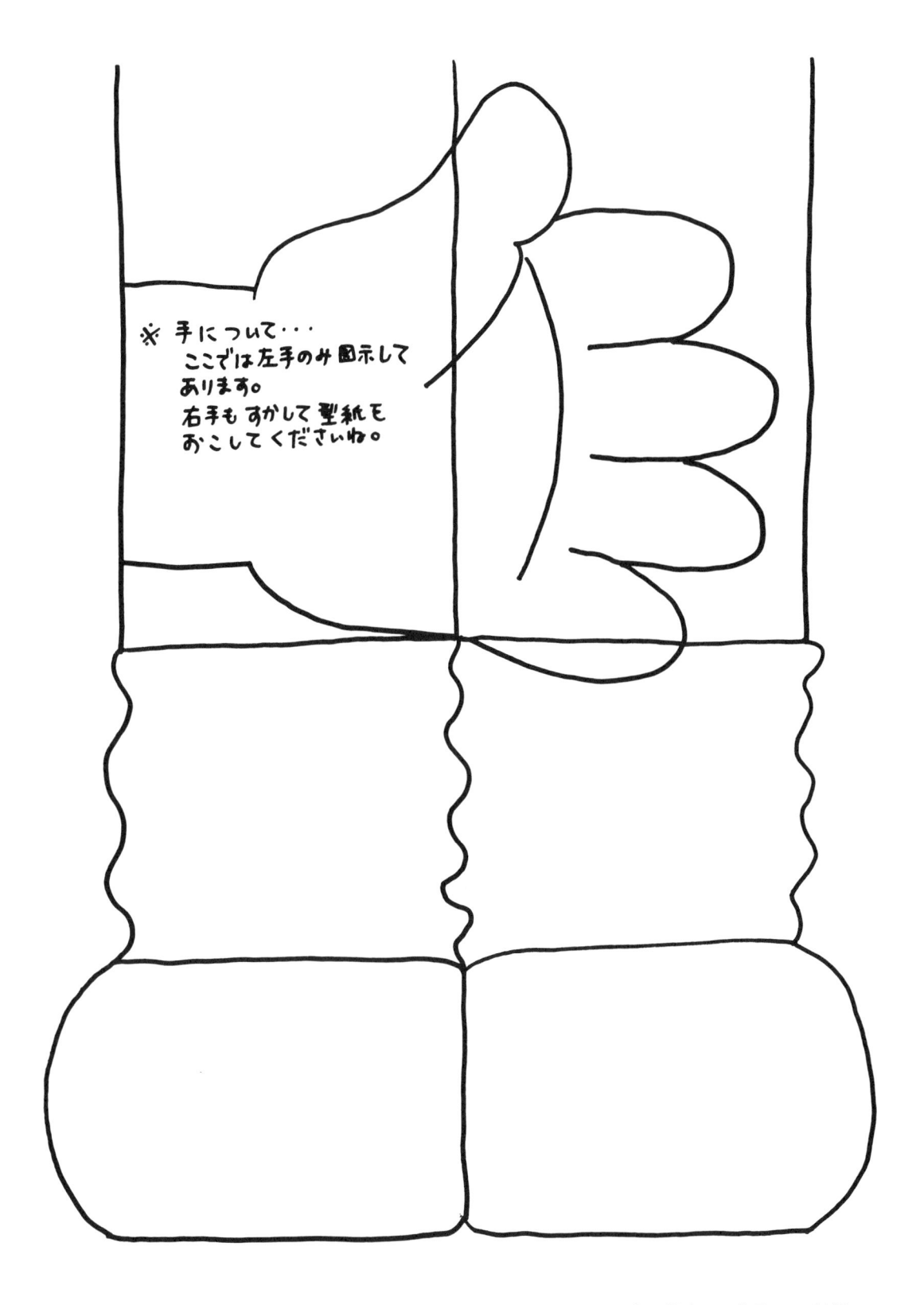

付録②―型紙

※ 手について…
　ここでは左手のみ図示してあります。
　右手もすかして型紙をおこしてくださいね。

※ 125%に拡大して使用してください。